Mucho ruido y pocas nueces

Mucho ruido y pocas nueces
WILLIAM SHAKESPEARE

Introducción, traducción y notas de
Pablo Ingberg

Clásicos Losada
Primera edición: octubre de 2004
© Editorial Losada, S. A., 2003
Moreno 3362, Buenos Aires, Argentina
Tels. 4373-4006 / 4375-5001
www.editoriallosada.com.ar
Impreso en la Argentina
Título original: *Much Ado about Nothing*
Traducción: Pablo Ingberg
Tapa: Peter Tjebbes
Maquetación: Taller del Sur
Queda hecho el depósito que marca la ley 11.723
Libro de edición argentina
Tirada: 1500 ejemplares

Shakespeare, William
  Mucho ruido y pocas nueces. -1ª ed. 1ª reimp. - Buenos Aires: Losada, 2017. - 260 p.; 18 x 12 cm. (Losada Clásica, 673)

  ISBN 978-950-03-0603-4
  Traducido por: Pablo Ingberg

  1. Teatro Inglés. I. Ingberg, Pablo. II. Título.
  CDD 822

Índice

Introducción, de Pablo Ingberg /		9
Personajes		50
Acto I. Escena	I	51
	II	76
	III	79
Acto II. Escena	I	85
	II	115
	III	119
Acto III. Escena	I	137
	II	145
	III	156
	IV	170
Acto IV. Escena	I	185
	II	208
Acto V. Escena	I	215
	II	239
	III	247
	IV	250

Introducción

Publicada durante 1600 en la que sería la única edición en cuarto, en la portada se especifica que había sido representada varias veces. Algunos parlamentos del payasesco personaje Zarzal (*Dogberry*) figuran asignados al actor cómico que habrá tenido originariamente a su cargo tal papel y para el que habría sido escrito, Will Kemp, quien parece haber abandonado la compañía teatral de Shakespeare a principios de 1599. Por otro lado, el joven estudiante inglés Francis Meres no la menciona entre las obras de este autor que él enumera en *Palladis Tamia*, miscelánea de citas literarias comentadas publicada en el último tercio de 1598; incluye en cambio allí *Trabajos de amor ganados*, pieza no conservada que en 1860 A. E. Brae pretendió identificar con ésta; pero tales especulaciones quedaron totalmente refutadas por el hallazgo en 1953 del inventario de un librero londinense que, en 1603, contenía el título de esa obra perdida, cuando la edición en cuarto de *Mucho ruido...* llevaba ya tres años circulando con su título correspondiente y por lo tanto no podía estar designada de otro modo. Todos estos indicios, no por completo concluyentes pero sí de suficiente peso, apuntan a fechar la composición en la última parte de 1598. Y eso tienden a corroborar otros indicios secundarios: hacia atrás, Meres menciona *Enrique IV*, cuyas dos partes fueron compuestas en torno a 1597; hacia adelante, *Como gustéis*, de 1599, primera comedia escrita para el estilo más intelectual de Robert Armin, remplazante de Kemp.

Pese a los varios testimonios sobre su popularidad, corrió la misma suerte que otra que también la tuvo, *Enrique IV - Segunda parte*: no volvió a publicarse hasta su inclusión en la edición en folio de 1623, primera aproximación a una compilación de la obra completa de Shakespeare, llevada a cabo tras su fallecimiento por dos actores que habían trabajado con él. De la ausencia de reediciones intermedias nada puede inferirse, desde que obras suyas no menos destacadas y celebradas no se publicaron siquiera una sola vez antes de formar parte de la edición en folio. El texto de *Mucho ruido...* contenido en ella deriva de la edición en cuarto, con sólo ciento cuarenta variantes, de las cuales la inmensa mayoría son muy menores y sólo diecisiete representan mejoras. Mejoras hay también en las acotaciones escénicas, y se agrega la división en actos, no así en escenas, de las que sólo la inicial está indicada (las restantes, en la forma generalmente aceptada, fueron establecidas por Edward Capell). La autoridad textual reside pues en la edición en cuarto, que parece estar tomada de un manuscrito del autor sin revisión final, según lo sugieren, entre otros detalles, la acotación de entrada de personajes que luego no existen en la acción (señaladamente la madre de Hero) y las variaciones en el modo de identificar a algunos personajes en los encabezamientos de parlamentos.

Historias en que una mujer casta es calumniada son tan antiguas como la bíblica apócrifa de Susana en *Daniel*, XIII. Con el agregado de que tal calumnia engaña al enamorado de la mujer, tan antiguas como la novela griega de la antigüedad tardía *Quéreas y Calírroe*, de Caritón de Afrodisias. Historias semejantes se conocen en al menos diecisiete versiones renacentistas, narrativas (en prosa o verso) o dramáticas, en castellano, italiano, francés, alemán e inglés, anteriores a ésta de Shakespeare. Aunque es probable que él conociera varias de ellas, las que más seguramente tuvo en cuenta fueron dos: una es la vigesimosegunda "novela" (en el sentido italiano de la palabra que se refleja en *Novelas ejemplares* de Cervantes) incluida en *La primera parte de las novelas* (1554) de Matteo Bandello, la cual deriva directa o indirectamente de *Quéreas y Calírroe* y fue vertida con variaciones al francés por François de Belleforest, en la decimoctava historia de *El tercer tomo de las historias trágicas extraídas de las obras italianas de Bandello* (1569); la otra es la narración épica de Ariosto en el canto V de su *Orlando furioso*, probablemente derivada de la novela caballeresca valenciana *Tirant lo Blanch* de Juan Martorell y vertida al inglés, primero, muy libremente por Peter Beverly en su poema *La historia de Ariodanto y Ginebra* (c. 1566), y luego, por John Harington en *Orlando furioso en verso heroico inglés* (1591).

En el relato de Bandello, el señor Timbreo de Cardona, caballero de la corte del rey Pedro (*Piero*) de Aragón, en cuya conquista de Sicilia ha combatido valientemente, se enamora en Mesina, durante la celebración de la victoria, de Fenicia, hija de maese Lionato de' Lionati, noble de antiguo linaje pero escaso patrimonio. El caballero, viendo que no ha de obtener los favores de la joven sin mediar casamiento, se lo propone al padre de ella a través de un noble que oficia de intermediario, y obtiene un consentimiento no muy entusiasta. Pero un amigo de Timbreo, el señor Girondo Olerio Valenziano, también está enamorado de Fenicia y pretende desposarla. Acude pues a un joven cortesano inclinado al mal, quien, simulando querer salvar a Timbreo de una deshonra, le dice que la muchacha tiene un amante desde hace varios meses y lo hace ir esa noche al jardín de la casa de Lionato, desde donde ve al servidor de Girondo, vestido como un noble, subir por una escalera y entrar en una habitación poco frecuentada. Persuadido por el engaño, Timbreo disuelve su compromiso matrimonial a través del mismo mensajero que lo había ayudado a convenirlo. Fenicia, acusada mediante el intermediario de faltar a la castidad, se desmaya y parece muerta. Su familia cree que se trata de una estratagema del prometido para escapar a un matrimonio que lo disminuiría socialmente. Cuando ella vuelve en sí, la envían bajo otra identidad a la casa de campo de su tío Girolamo, y mientras tanto se celebra su funeral. Timbreo siente remordimientos y cae en la cuenta de que se ha apresurado a sacar conclusiones sobre la base de evidencias escasas y dudosas. También Girondo es presa de remordimientos, y una semana más tarde va con su engañado amigo hasta la supuesta tumba de Fenicia, donde le confiesa lo que ha hecho y le ofrece un puñal para que lo mate. Timbreo lo perdona, y juntos van a confesarse ante Lionato, quien a su vez los perdona, tras la debida reivindicación pública de la calumniada, con la condición de que aquél, cuando vaya a casarse, lo haga con quien él le recomiende. Transcurrido un año, Fenicia, llamada ahora Lucila, cumple diecisiete, y su natural belleza ha florecido de tal forma que no se la reconoce. Sólo segunda de la suya es la belleza de su hermana menor Belfiore. Lionato dice a Timbreo que tiene una esposa para él, y con una numerosa compañía que incluye a Girondo se dirigen a la casa de campo, donde se celebra la boda con Fenicia-Lucila. Durante el banquete, luego que el recién casado expresa su pena por la novia "muerta" y su alegría por la viva, Lionato le revela que las dos son una. Girondo pide perdón y recibe la mano de Belfiore. Todos vuelven a Mesina, donde el rey Pedro los recibe con festejos y otorga sendas dotes a ambas novias y riqueza y honores a Lionato.

De allí toma Shakespeare la ubicación de la acción en Mesina, los nombres de Pedro (trasladado a la forma española por ser él de Aragón) y Lionato (escrito *Leonato* para que la pronunciación inglesa sea lo más próxima posible a la italiana), los recientes servicios bélicos del novio, la propuesta matrimonial a través de un intermediario, el montaje del engaño a través de un agente, el rechazo de la novia que supuestamente ha faltado a la castidad, su desmayo y aparente muerte, sus funerales, su retiro en secreto, la penitencia y sumisión de quien la había rechazado, la condición impuesta por Lionato de que éste se case con quien él le imponga, la boda con la misma muchacha bajo otra identidad y con la colaboración de su tío, la revelación de la verdad y el final con fiesta.

Las diferencias son sin embargo muy significativas. En Bandello el rey Pedro viene de una batalla naval contra el rey de Nápoles que es secuela de un levantamiento siciliano contra la dominación francesa, mientras que en Shakespeare poco y nada se dice de la guerra de la que viene el príncipe don Pedro; muchos entienden que se trata de un levantamiento en armas de su hermano bastardo don Juan, pero no hay al respecto ningún indicio claro en el texto (sólo se dice que don Juan se había "rebelado" contra su medio hermano y recientemente ha vuelto a ser acogido en el redil), y es difícil de aceptar que al instante siguiente de derrotarlo en un campo de batalla lo haya perdonado y llevado consigo entre un séquito reducidísimo. El rey en Bandello sólo aparece al principio y al final, mientras que el príncipe de la versión dramática tiene parte destacada en toda la acción y asume el papel del intermediario matrimonial. La joven pasa de tener madre a no tenerla (Shakespeare parece haber desechado una idea inicial de incluirla, pues se la menciona en sendas acotaciones al comienzo de los dos primeros actos pero luego no se le asigna texto ni función). La edad y más aún el rango social de los novios pasa a equipararse. El enamorado ya no considera el matrimonio como segunda opción para obtener los favores de la joven sino como primera y única. El promotor del fraude no será ahora un rival en ese amor sino un rencoroso hermano bastardo del príncipe e intermediario. La escena del supuesto amante no es avistada sólo por el principal engañado sino también por un testigo con mayor autoridad y experiencia como es don Pedro, quien además se siente responsable como gestor de la boda en ciernes, y en ella participa ahora una mujer que representa el papel de la novia. El rechazo, en la narración de Bandello a través del intermediario, es en la pieza dramática teatralmente público. El novio que desiste no dudará ahora de su juicio erróneo hasta que se le pruebe lo contrario, y la forma en que se producirá tal prueba dará lugar a una subtrama que no existe en la fuente, donde la verdad salía a luz por confesión de parte.

En la versión épico-caballeresca de Ariosto, el caballero Renaldo naufraga frente a las costas de Escocia, y ya en tierra se entera de que la hija del rey, Ginebra, ha de morir por haber faltado a la castidad, a menos que alguien demuestre la falsedad de tal acusación justando por ella. Como aún nadie ha querido combatir en su defensa, Renaldo se pone en marcha hacia la corte para hacerlo él. En el camino halla a dos hombres que están tratando de asesinar a una joven; él la salva y, mientras continúan viaje, la joven, que es Dalinda, dama de honor de Ginebra, le cuenta que la princesa es inocente y ella ha sido insensata e involuntariamente responsable de la acusación. Enamorada del duque Polineso, se hizo amante de él, que subía a su encuentro hasta la habitación de la princesa mediante una escalera de cuerdas. Sin embargo, él aspiraba a casarse con la princesa, la cual a su vez lo rechazaba porque estaba enamorada del noble Ariodante y éste la correspondía. Polineso persuade a Dalinda de que se vista con ropas de su señora y se peine como ella para uno de sus encuentros. Le dice entonces a Ariodante que él es amante de Ginebra, y le ofrece una prueba ocular, con la condición de que jamás rebele el secreto. Ariodante se aposta en un sitio desde donde puede verlo ascender por una escalera, pero, por desconfianza, ubica a su hermano Lurcanio en un lugar desde donde no puede ver nada pero sí oírlo a él y acudir en su ayuda si lo atacan. Lurcanio, preocupado, se acerca y ve junto con su hermano cómo el amante es recibido por quien ellos suponen Ginebra. Ariodante no se suicida porque lo evita el hermano, pero poco después a éste le informan que aquél se ha arrojado al mar. Lurcanio, que no había reconocido a Polineso en quien subió la escalera, acusa a Ginebra de faltar a la castidad y provocar la muerte de Ariodante. Mientras nadie se presentaba para justar en defensa de la princesa, Dalinda se asusta y Polineso la convence de que se retire a un castillo de él hasta que concluya el caso de Ginebra, con la promesa de que entonces la desposará. Pero en realidad planea su asesinato, que ha sido evitado por Renaldo. Al arribar salvador y salvada a la corte, se enteran de que un desconocido se ha presentado a defender a Ginebra y está combatiendo en ese mismo instante con el acusador Lurcanio. Renaldo pide al rey que detenga la lid y cuenta lo que sabe por Dalinda, y a continuación prueba su verdad derrotando en una justa a Polineso, que antes de morir confiesa su maldad. El defensor desconocido resulta ser Ariodante, quien al caer al agua fría había cambiado de opinión y luego, al oír que su amada Ginebra corría peligro, por más que la creyera infiel desafió a su propio hermano para defenderla. Todo termina bien y Dalinda se recluye en un convento.

Lo más importante que Shakespeare toma de Ariosto, no sin un amplio margen de variación, es la irredimible malicia de quien simula la infidelidad de la muchacha, la complicidad involuntaria en ese hecho de una servidora de ella que asume su aspecto, la compañía de un íntimo cuando el engañado observa la simulación, la creencia del padre de ella en la acusación, el defensor que desafía al acusador, el castigo del villano. El resto es casi todo diferencia.

Un historia similar, pero con final trágico, presenta Edmund Spenser en el canto IV del libro II de *La reina de las hadas* (o *La reina hada*, 1590). Fedón ama a Claribel y están por casarse. Un amigo íntimo de él, Filemón, le dice que ella le es infiel y le hace observar una supuesta escena de traición con la colaboración involuntaria de su amante, una servidora de ella vestida para la ocasión como su ama. Fedón jura vengarse y la vez siguiente que ve a Claribel la mata; la servidora de ésta confiesa y aquél envenena a Filemón y, mientras persigue espada en mano a la cómplice involuntaria, cae en manos de Furor y Ocasión y es rescatado por un noble a quien le cuenta lo ocurrido. Shakespeare seguramente conocía esta versión, pero no parece haber tomado de ella nada en particular, como tampoco de otras que en más de un caso no habrá conocido pero que indican la popularidad del tema en la época. Entre ellas una de George Whetstone (1576) que combina elementos de Ariosto y de Bandello, y piezas teatrales en italiano de Luigi Pasqualigo (1579), ésta imitada en latín por el británico Abraham Fraunce y en inglés por M. A. (Anthony Munday, en 1585), y de Della Porta, ésta no publicada en forma de libro hasta 1911, como también una en alemán y otra en holandés, la primera más o menos contemporánea y la segunda posterior a la aquí introducida. En lo que Shakespeare se aparta de todas las versiones conocidas es en la disminución o elevación del rango social de uno o de los dos prometidos para equiparar los de ambos, y en hacer más objetable la forma en que el varón rechaza a la supuesta infiel.

Todo esto en lo que hace a las fuentes de un hilo de la trama que, aunque es el principal sostén del armazón de la obra, resulta bastante opacado por el brillo del otro hilo mayor: la trenza de Beatriz y Benedicto en una esgrima de ingenios dirigidos contra el matrimonio, en el que están finalmente destinados a sucumbir. No existiendo para esta subtrama ninguna fuente específica conocida, se la considera invención del autor. No obstante, se inscribe en la confluencia de dos tradiciones: la del desprecio del amor y la del ingenio cortesano.

El propio Shakespeare había tratado temas ligados a la primera, con toques de la segunda, en algunas piezas anteriores. En *La doma de la fiera*, la subtrama principal desarrolla a su manera el motivo tradicional de la mujer de carácter que se resiste al matrimonio y termina "domesticada"; las diferencias esenciales con *Mucho ruido...* radican en que en ésta son ambas partes las que se resisten y la dama se desempeña en un plano de igualdad intelectual (en el que por lo demás tiende a quedar mejor parada que su contraparte masculina). Un caso análogo con aquél ofrecía Spenser en *La reina de las hadas*, VI.vii: la hermosa Mirabella, resuelta a vivir en la libertad en que ha nacido, deja deshechos a tantos pretendientes que Cupido la condena a vagar por el mundo sobre un caballo conducido por Desdén (significativamente Benedicto llamará a Beatriz "señorita Desdén") y aguijado por Desprecio hasta que haya salvado otros tantos amores, tarea que ha de resultarle interminable. También hay disputas verbales contra el amor en el comienzo de *Los dos caballeros de Verona*, y en un registro más elegante y cortesano en *Trabajos de amor perdidos*; destellos de lo mismo muestra incluso Porcia en *El mercader de Venecia*.

Más específicamente en cuanto a la esgrima verbal de ingenios, Shakespeare venía de concluir las dos partes de *Enrique IV*, donde Falstaff brilla en ese terreno con el acompañamiento de Hal, príncipe y futuro rey Enrique V. El ingenio cortesano del que había hecho uso particularmente en las obras más arriba mencionadas tenía un antecedente lejano de amplias influencias en Europa: *El cortesano*, de Baldassarre Castiglione (1478-1529). Acercamientos ingleses a tales mecanismos verbales había en traducciones hechas por lord Berners de obras de Jean Froissart y fray Antonio de Guevara, y por Thomas North del primero de ellos (todo esto entre 1523 y 1557), como también en una obra de George Pettie

(1576). Pero el consumador del estilo y el que marcó directa y grandemente a Shakespeare fue John Lyly, de cuyas novelas didácticas *Eufues, anatomía de la melancolía* (1578) y *Eufues y su Inglaterra* (1579) deriva el término "eufuismo", que designa a tal estilo, de gran influjo inmediato en la literatura de su país y de otros países europeos. Mayor efecto aún en el bardo, por sus posibilidades dramáticas, surtieron comedias suyas como *Alejandro y Campaspe* y *Endimión*, entre otras. Entre los recursos que Lyly emplea profusamente en esas novelas y comedias, para estructurar discursos y diálogos sofisticados en que cada oración debe tener su propio peso, se cuentan la antítesis y la paradoja, las frases epigramáticas o aforísticas, los juegos de palabras, las aliteraciones y otros efectos sonoros, las variaciones estrafalarias sobre temas de la mitología clásica y otros despliegues de la fantasía y la retórica. La versatilidad dramática que fue imprimiendo Shakespeare a tal conjunto de recursos desde sus piezas iniciales en adelante, todavía rastreable en los diálogos de Hamlet con Guildenstern y Rosencrantz, alcanza en *Mucho ruido...* uno de sus más notables desarrollos, especialmente por boca de Beatriz y Benedicto.

De un tercer hilo de la trama, auxiliar en este caso, el de la guardia conducida por Zarzal, tampoco pueden especificarse fuentes. En general, los desaguisados de este alguacil y sus acompañantes podrían tener algún basamento en la experiencia del autor y sus conciudadanos con ese tipo de prácticas cívico-policiales, propias no de Sicilia sino de la Inglaterra isabelina. Además, las características de Zarzal y su segundo Acíbar (*Verges*) tendrán seguramente la impronta de Will Kemp y Richard Cowley, actores para los que fueron escritos esos papeles. Pero lo cierto es que ambos, en su estirpe de personajes cómicos shakespeareanos, contaban con varios antepasados, como el alguacil en *Trabajos de amor perdidos* y Lanzarote Gobbo y su padre en *El mercader de Venecia*, entre otros, y, dentro del campo de las equivocaciones lingüísticas que producen sentidos "involuntarios" como las de Zarzal, la maravillosa señora Deprisa (*Mistress Quickly*) en las dos partes de *Enrique IV*.

En la edición en cuarto, como está dicho, se afirma que la obra había sido ya representada varias veces, pero nada que documente tal cosa se conserva, y la única constancia de que haya ocurrido alguna otra vez en vida de su autor es un par de listas respectivamente de catorce y seis piezas representadas, en 1613, durante los festejos de la boda de la princesa Isabel, hija del rey Jacobo I. En la primera de las listas se la designa con el título bajo el que la conocemos, mientras que figura en la segunda una *Benedicte and Betteris*, supuestamente *Benedick and Beatrice* (*Benedicto y Beatriz*), que usualmente se considera la misma obra, aunque ninguna de las otras se repite en ambas enumeraciones. Que continuó siendo popular e identificada por sus dos personajes más carismáticos, cuanto menos hasta el cierre de las salas teatrales en 1642 tras el estallido de la guerra civil, lo sugieren algunas más que probables alusiones en otras obras de esa época y, sobre todo, el elogio en verso con que Leonard Digges prologó en 1640 una edición de los poemas de Shakespeare, donde, comparando las piezas dramáticas de éste con las de Ben Jonson, escribe:

> ....dejad sólo a Falstaff llegar
> Con Hal, Poins y los otros, y no hallaréis lugar,
> Tan plagado está todo; que tan sólo Beatriz
> Junto con Benedicto se muestren, y en un tris
> Los bajos, galerías y palcos están llenos.

Dos décadas más tarde, con la reapertura de los teatros tras la restauración monárquica, fue asignada junto con otras ocho piezas al dramaturgo William Davenant y su compañía, y él, en una época en que pasó a ser hábito hacer versiones y adaptaciones de los originales (en parte por los cambios en la forma de las salas), la amalgamó con *Medida por medida*. Como resultado, Beatriz tiene una hermana menor y la tutela de Ángelo (personaje de *Medida por medida*), es una gran heredera y su prima Julieta es la prometida de Claudio (el de *Medida por medida*); Benedicto es hermano de Ángelo, y no hay Hero ni don Juan; las escenas iniciales retienen algo del texto original, fundamentalmente de las esgrimas verbales entre Beatriz y Benedicto, pero el resto, en que estos dos se asocian para liberar a Claudio y Julieta de la cárcel, se aparta ampliamente. Al parecer, este producto de Davenant, titulado *La ley contra los enamorados* y estrenado en 1662, fue muy bien recibido por su público.

La siguiente puesta atestiguada de *Mucho ruido...* tuvo lugar en 1721, como parte de la recuperación escénica de varias piezas del bardo a cargo de John Rich. Según los anuncios publicitarios, no había sido representada en los treinta años últimos; no se sabe, empero, si el período indicado debe tomarse literalmente, y por ende había existido alguna otra puesta en escena hacia 1690, o bien es sólo genéricamente indicativo de mucho tiempo y no había habido ninguna desde la versión amalgamada de Davenant. En cualquier caso, lo más probable es que no haya tenido mayor éxito de público, pues las próximas funciones conocidas, al parecer también a cargo de Rich, demoraron hasta 1737, 1739 y 1746. Con todo, durante ese período hubo otras dos adaptaciones: en 1723, *Amor en un bosque*, de Charles Johnson, que incorporó pasajes de Benedicto en una versión de *Como gustéis*, y en 1737, *La pasión universal*, de James Miller, que combinaba la obra aquí introducida con *La princesa de Élida* de Molière y pasajes de *Los dos caballeros de Verona* y *Noche de reyes*.

El primer actor David Garrick con su compañía teatral la monopolizó desde 1748 hasta 1776, cuando él se retiró de los escenarios. Se repuso anualmente hasta totalizar un centenar de funciones. Las actuaciones de Garrick como Benedicto fueron de las más festejadas de su carrera. De las tres actrices que lo acompañaron sucesivamente encarnando a Beatriz a lo largo de esos años, las dos últimas volverían a actuar luego en el mismo papel con otros Benedictos, inaugurando una tradición, todavía vigente, de actores que representan en diversas puestas de esta obra el mismo o distintos personajes. Entre los cortes y reacomodamientos en el texto que empleó Garrick, que también sentaron una tradición duradera pues algunos de ellos u otros semejantes se observan hasta en puestas del siglo XX, los más relevantes son: la segunda escena, en que dialogan Lionato y Antonio, pasa, muy abreviada, a unificarse con la inicial del acto segundo; la cuarta del acto tercero, en que Hero se viste para la boda, fue también sustancialmente reducida; completamente eliminada resultó la del mausoleo familiar de Lionato, tercera del acto quinto; en la primera de este último acto, se redujo bastante el diálogo entre Benedicto, don Pedro y Claudio, donde el primero desafía al tercero, y en particular el chiste del segundo sobre los elogios de Beatriz a Benedicto, algo que suena un tanto desubicado de su parte en una situación dolorosa.

Entre 1788 y 1836 sería el turno de los hermanos John Philip y Charles Kemble. El primero fue Benedicto hasta 1798, oportunidad en que el otro, dieciocho años menor, inició su participación actuando como Claudio. Desde la siguiente ocasión, en 1803, Charles pasó a ser Benedicto. En 1829 tuvo como Beatriz a su hija Fanny Kemble, y para su última vez, en 1836, a los sesenta y un años de edad, escogió con ese fin a Helen Faucit, de diecinueve, quien a partir de entonces, junto a otros actores y puestistas, iba a ser reiteradamente aclamada en tal papel hasta 1879 (en este último caso en Stratford-upon-Avon), por componerlo con una fresca alegría igualmente distante del sarcasmo y la iracundia con que lo habían hecho otras actrices.

El siglo XIX se caracterizó por las escenografías suntuosas, que generalmente obligaban a suprimir escenas o reacomodar su orden por imposibilidad de cambiar rápidamente los decorados, como ya venía haciéndolo Garrick. El actor Charles Kean puso en escena *Mucho ruido...* en 1858, como parte de su última temporada antes de retirarse de las tablas. Con impactante realismo se exhibía al comienzo el puerto de Mesina; luego se iluminaban gradualmente las ventanas de espléndidas mansiones, y lentamente ascendía la luna reflejándose en las azules aguas del Mediterráneo.

La siguiente Beatriz en resultar celebrada durante largo tiempo por su sutileza actoral fue Ellen Terry, quien a los quince años, en 1863, ya había hecho de Hero. En 1880 debutó en el nuevo papel con su segundo marido, Charles Kelly, como Benedicto. Pero la mayor resonancia comenzó a alcanzarla desde que en 1882 la representó con la compañía teatral de Henry Irving, quien fue su Benedicto durante doscientas doce funciones, seguidas de una gira por Estados Unidos y un regreso a Londres para treinta y una funciones más durante 1884. El despliegue escenográfico, con diseño de William Telbin, comenzaba por la casa de Lionato, de estructura clásica con columnas y escalones de mármol, pero alcanzaba su apogeo en la escena de la iglesia: un imponente altar hacia la izquierda, numerosos pilares de diez metros de altura, techo decorado, pinturas, imágenes de santos, largos candelabros con cirios encendidos, vitrales, bancos de roble tallado. Los cortes y reacomodamientos en el texto se asemejaban bastante a los empleados por Garrick. Las diferencias más significativas son: la entrada a hurtadillas de Boracho sobre el fin de la escena inicial para escuchar el diálogo entre el príncipe y Claudio; la eliminación del diálogo entre Margarita y su compañero de baile enmascarado en la primera escena del acto segundo; la completa supresión de la escena en que Hero se viste para la boda, y también de la siguiente, la de Lionato con Zarzal y Acíbar antes de la iglesia; inversión del orden de epitafio y canción en la escena del mausoleo, no suprimida.

En 1891 se repuso el *Mucho ruido...* de Irving con Terry, ocasión en que el hijo de ella, Edward Gordon Craig, actuó como mensajero. Madre e hijo se lanzaron como empresarios teatrales en 1903, y, para revertir los malos resultados económicos de su primer intento con una pieza de Ibsen, pusieron en escena la de Shakespeare con la actuación de ella y la dirección de él. La escenografía dispuesta por Craig fue innovadora para la época: en contraste con la fastuosa iglesia empleada por Irving, él optó por indicarla solamente mediante una inmensa cruz multicolor bajo luces expandidas. El diseño impresionista con pocos elementos facilitó los traslados durante una gira de once meses por distintas ciudades inglesas.

Mientras tanto en Stratford-upon-Avon, localidad natal del autor, luego de la puesta de 1879 con Faucit como Beatriz, la compañía de Barry Sullivan volvió a presentarla los dos años siguientes. Frank Benson la dirigió en 1889 y en 1894, y desde entonces casi todos los años hasta 1914. En medio de ese período la dirigió allí una vez Ben Greet en 1895.

Una significativa e influyente reacción contra la espectacularidad decimonónica se había puesto en marcha por entonces, llevada adelante por el director y maestro William Poel, quien trataba de recrear las condiciones en que las obras dramáticas de Shakespeare habían subido a los escenarios de su tiempo. Esto implicaba no sólo una escenografía mínima, que permitiera el paso rápido y fluido de una escena a otra, sino también, en parte gracias a eso, la restauración del texto original generalmente completo, además del uso de música isabelina. Con tal propuesta dirigió *Mucho ruido...* en 1904 durante una serie de funciones en diversos barrios y teatros de Londres. Él mismo actuó como fray Francisco, papel en que se supone actuaba el propio Shakespeare. Las reseñas contemporáneas son desparejas en sus consideraciones, pero la aparecida en *The Times* le halló categóricamente mayor mérito por las calidades de anticuario que por el talento histriónico de los actores.

Hubo todavía un coletazo de suntuosidad decimonónica en 1905, bajo la dirección de Beerbohm Tree, con la iglesia de Telbin y una duración de cuatro horas. Winifred Emery compuso una Beatriz en evidente contraste con la de Ellen Terry pero igualmente bien recibida: no rebosante de buen corazón sino fiel al título de "señorita Desdén" que le endilga Benedicto.

W. Bridges-Adams, quien en 1910 había asistido a Poel en una puesta de *Los dos caballeros de Verona*, dirigió *Mucho ruido...* en Stratford casi todos los años entre 1920 y 1934, y en Londres durante 1926 con muy buena recepción del público y los comentaristas. Para esta ocasión, él mismo diseñó una sencilla escenografía multiuso. Como Henry Irving, hizo entrar a hurtadillas a Boracho sobre el fin de la escena inicial para escuchar el diálogo de Claudio con don Pedro, y, como mínimo en 1934, hizo otro tanto con Antonio, de modo que en la escena siguiente éste no se ha enterado de la conversación por otro. En Stratford hubo otras puestas en 1936, 1939 y 1941, y en Londres en 1940.

Tras la Segunda Guerra, en 1946 la dirigió Fabia Drake sin mayor éxito, y al año siguiente Hugh Hunt, con gran despliegue de gracias, entre ellas la caracterización de Zarzal como guardián de ataques aéreos montado en bicicleta. En 1949 hubo dos puestas londinenses, pero la más destacada e influyente hacia adelante comenzaría ese mismo año en Stratford, bajo la dirección de John Gielgud.

El elenco a las órdenes de Gielgud, unánimemente elogiado, incluía a Anthony Quayle y Diana Wynyard como Benedicto y Beatriz, Harry Andrews como don Pedro y Philip Guard como Claudio. El vestuario correspondía a los comienzos del Renacimiento, y la escenografía, diseñada por el español Mariano Andreu, consistía al inicio en un palacio italiano y su jardín, que luego con rápidas e ingeniosas adaptaciones permitía el flujo de una escena a otra, tal como el escenario semivacío con que Poel había procurado recuperar el originario estilo isabelino. Uno de los rasgos más señalados fue la armonía general con énfasis en la comedia romántica y con aligeramiento o contención del potencial perturbador que encierra la subtrama "seria" Claudio-Hero. Luego de una gira por Australia entre 1949 y 1950, se repuso en Stratford en 1950 y en Londres en 1952 y, tras una extensa gira europea, en 1955. A partir de 1950, los papeles de Beatriz y Benedicto pasaron a estar a cargo de Peggy Ashcroft y el propio Gielgud. Una última reposición emprendió una gira por Estados Unidos en 1959, pero con una escenografía ya muy atenuada de resonancias de Renacimiento italiano, en los comienzos de lo que sería una tendencia a alterar la localización espacio-temporal.

En efecto, ya en 1958 Douglas Seale, al dirigirla en Stratford, había combinado la ubicación en Mesina con escenografía italiana del siglo XIX y vestuario más bien inglés de la primera parte del mismo siglo, acaso en la idea de que los ecos de un victorianismo en ciernes harían más digerible para el público contemporáneo el lugar asignado a la mujer, especialmente en lo que atañe al maltrato de Hero. Michael Redgrave y Googie Withers compusieron con elegancia a Benedicto y Beatriz. La escenografía, no tan suntuosa como las decimonónicas pero igualmente decorativa, se apoyaba esencialmente en pinturas de fondo que representaban oportunamente la casa, el jardín, las habitaciones, la calle o la iglesia.

Poco después, en 1961, Michael Langham la ubicó apenas unos años más atrás en el tiempo, con uniformes a lo Wellington para los hombres y vestidos a lo Jane Austen para las mujeres. Christopher Plummer y Geraldine McEwen fueron Benedicto y Beatriz. En medio de la tercera escena del acto tercero, antes de la entrada de Boracho y Conrado, se interpoló un pasaje mudo que mostraba al primero de ellos frente a la ventana de Hero con una mujer muy cubierta de ropas, observados por Claudio, don Pedro y don Juan; Claudio y don Pedro pronunciaban entonces palabras trasladadas con una leve adaptación de fines de la escena precedente, acerca del proyectado rechazo público de Hero, mientras que don Juan, antes de salir, arrojaba el dinero que por tal servicio le había prometido a Boracho; a éste no le quedaba allí tiempo de emborracharse para la continuación de la escena, y gran parte de sus palabras anexas a la confesión ante Conrado fue suprimida. En suma, la acción que en Shakespeare sólo se refería a posteriori con palabras se hizo explícita, seguramente con la intención de volver un poco más excusable la conducta subsecuente de Claudio y el príncipe.

Pero el más célebre de los traslados espacio-temporales fue el de Franco Zeffirelli, quien en 1965 la montó en Londres con aires de ópera cómica situada en la Sicilia de fines del siglo XIX, cuya temperamentalidad e implicaciones mafiosas estaban al servicio de esa supuesta contemporaneización del problema relativo a Hero. Los toques farsescos perseguían, según el director, el objetivo de quitarle aburrimiento al texto; y en efecto nadie se aburrió, aunque más de uno se enfureció. Benedicto y Beatriz estuvieron en manos de Robert Stephens y Maggie Smith, y Albert Finney resultó particularmente festejado por su don Pedro fumador de cigarros. Derek Jacobi, que entonces actuó como don Juan, pasó a ser don Pedro para la reposición del año siguiente en Stratford.

La puesta en escena de Trevor Nunn en Stratford, 1968, reiterada al año siguiente en Londres, significó un paréntesis en los cambios de locación espacio-temporal, que él devolvió a la época isabelina. Janet Suzman y Alan Howard como Beatriz y Benedicto recibieron objeciones, mientras Helen Mirren se llevaba los elogios por su Hero, cuyo sufrimiento convertía la escena de la iglesia en el centro sombrío de la obra. Nuevamente en Stratford la dirigió Ronald Eyre en 1971, con vestuario victoriano; el detalle saliente consistió en el empleo para los papeles de Benedicto y Beatriz de actores de mediana edad, Derek Godfrey y Elizabeth Spriggs, aunque con resultados aparentemente no muy logrados.

No menos osado que Zeffirelli fue John Barton cuando, al montarla en 1976, situó la acción en la India bajo dominio británico de fines del siglo XIX, donde el medio y las convenciones de la clase militar otorgaban un símil "creíble" al hueso más duro de roer para el público actual (la reacción de Claudio y los padecimientos de Hero), y los equívocos verbales de Zarzal adquirían peculiar sentido en boca de un indio. En este último papel actuaba John Woodvine, y los de la pareja principal fueron cubiertos por Judi Dench y Donald Sinden. Los comentarios fueron en general elogiosos.

La puesta de Terry Hands en Stratford, 1982, se trasladó al año siguiente a Londres. La escenografía de Ralph Koltai estaba conformada por una abstracción de espejos e imágenes de jardín. El vestuario del siglo XVII, aunque ligeramente posterior a la fecha de composición de la obra, marcó quizás el fin de la moda de los cambios espacio-temporales. Sine ad Cusack compuso a una Beatriz encantadora y nada enfática, junto al divertido e inteligente Benedicto de Derek Jacobi (quien había sido sucesivamente don Juan y don Pedro con Zeffirelli).

Di Trevis fue la encargada de dirigirla en Stratford, 1988. Los comentaristas la criticaron duramente por encorsetar su puesta, de improntas brechtianas, en los estrechos márgenes de una "tesis doctoral" marxista-feminista. Su Mesina, de mármol, seda y raso, parecía sacada de una revista de moda elegante. Maggie Steed y Clive Merrison representaron a Beatriz y Benedicto de la manera más ajena posible a la sensualidad. Ralph Fiennes hizo un Claudio emocionalmente torturado. La Hero de Julia Ford fue relativamente resaltada en consonancia con la gravedad de los temas que le competen. El Zarzal de David Waller, lo más elogiado, era un gracioso natural en quien se combinaban la integridad moral con las carencias intelectuales, y terminaba salvando la boda y la obra.

Judi Dench la dirigió para la compañía teatral de Kenneth Branagh durante el mismo año. El propio Branagh fue Benedicto, junto a Samantha Bond como Beatriz. Sin pretensiones innovadoras, con un sobrio vestuario del siglo XVIII y sencillos decorados de corte hogareño, la propuesta se apoyó en un desarrollo psicológica y dramáticamente creíble de las acciones. Margarita, la doncella de Hero, se relacionaba retozonamente con un Boracho sensual, y si no saltaba en defensa de su ama durante la escena de la iglesia era porque no había sido considerada de clase social suficientemente alta como para estar presente allí.

En 1990 se volvió a poner en Stratford, esta vez bajo la dirección de Bill Alexander, con mucho mejor recepción del público que la obtenida dos años antes por Trevis. Un crítico manifestó su desacuerdo con el hecho de que Susan Fleetwood, Beatriz para la ocasión, fuese unos años mayor que su Benedicto, Roger Allam. Las mayores alabanzas recayeron sobre el don Pedro de John Carlisle, que se lanzaba a cortejar a Hero en nombre de Claudio con un fervor sospechoso y se ofrecía a Beatriz con urgencia manifiesta.

Matthew Warchus la dirigió en 1993 en Londres. Durante la fiesta con baile de la escena inicial del segundo acto, presentada al modo de una velada actual en un jardín, Cupidos en nubes de algodón flotaban sobre los amantes y los disfraces eran del Lejano Oeste. Los mayores logros parecen haber estado en la caracterización de los personajes. Mark Rylance fue premiado por su Benedicto, un desmañado oficial naval con acento norirlandés e ignorante de sus atractivos. La Beatriz de Janet McTeer era una mujer bien educada, segura de sí misma y enérgica, sin necesidad para eso del malhumor o la militancia feminista. El contraste entre los temperamentos de ambos daba peculiar sentido a la forma en que se relacionaban, pues el desdén de ella funcionaba como arma natural contra las varias capas de la armadura de él. La propuesta matrimonial del príncipe don Pedro a Beatriz no se presentaba como un juego, sino que el rechazo de ella dejaba en él una marca tan honda que lo impulsaba motivadamente a la intriga contra Hero.

La puesta de Michael Boyd en Stratford, representada entre 1996 y 1998, fue más elogiada por las actuaciones que por los floreos del director, los cuales por momentos apuntaban a la "risa barata". Por ejemplo, Alex Jennings, quien por lo demás compuso un buen Benedicto, se caía del árbol desde donde espiaba y debía arrastrarse por el escenario debajo de una mesa. La inteligente Beatriz de Siobhan Redmond acudía al sarcasmo como defensa contra la confianzuda jovialidad del Benedicto que tenía enfrente, pero la relación entre ambos echaba hondas raíces. Otro trazo actoral digno de mención fue el don Juan de Damian Lewis, un psicópata sexualmente ambiguo. El mensajero que al inicio llega para anunciar el próximo arribo del príncipe se quitaba un disfraz y resultaba ser don Pedro en persona, gesto que revelaba su inclinación a las intrigas. Una escenografía llena de grietas y rincones y con espejos móviles, sin mayor aportación de coordenadas espacio-temporales, resaltaba el papel destacado de las apariencias en esta obra. En consonancia, un inmenso marco de pintura en el proscenio encerraba las acciones.

La compañía teatral "alternativa" *Cheek by Jowl* la presentó en Londres, bajo la dirección de Declan Donnellan, en 1998. Apeló a una ambientación victoriana, en que se desenvolvía una sociedad esencialmente masculina, incluso con tendencias al homoerotismo. Con un Benedicto de escaso brillo intelectual, voz afectada y risa estrepitosa, y una Beatriz feminista y pendenciera, papeles a cargo respectivamente de Matthew Macfadyen y Saskia Reeves, unirlos no era tarea fácil. El vínculo entre don Pedro y Claudio, por el contrario, era más fuerte que nunca, y Hero, comprimida para la boda dentro de un estrechísimo corset, no podía esperar mayor dicha de su matrimonio. Para incrementar la presencia femenina sobre el escenario, el papel de Úrsula absorbió el de Antonio.

Kenneth Branagh dirigió una versión cinematográfica en 1993. Él mismo adaptó el texto y volvió a encarnar a Benedicto. Fue mejor la recepción del público, al menos en números, que la de los comentaristas y los especialistas en Shakespeare. La decorativa escenografía toscana y la convocatoria de estrellas internacionales de la pantalla congeniaron con la superficialidad del tratamiento. Más del cuarenta por ciento del texto original resultó suprimido: todo lo que desviara la atención de la historia de amor, calumnia y reconciliación, como por ejemplo la entera escena en que Hero se viste para la boda, las pullas de don Pedro y Claudio a Benedicto cuando éste desafía al segundo y el afilado diálogo entre Benedicto y Margarita al principio de la segunda escena del último acto; también todas las expresiones que pudieran faltar a la corrección política, como por ejemplo "si no la amo, soy un judío" (Benedicto, al final de II.iii) y "Mantendré mi intención, aunque ella fuese etíope" (Claudio, en la última escena). Un agregado significativo fue la explicitación (sonidos de acto sexual incluidos) del encuentro nocturno entre Margarita y Boracho, contra la ventana (y no a través de ella y por ende sin contacto físico como en Shakespeare se refiere a posteriori) de Hero, con el obvio propósito de volver más flagrante el hecho y un poco más excusable la reacción de Claudio y don Pedro.

Las estrellas internacionales convocadas fueron Denzel Washington como don Pedro, Robert Sean Leonard como Claudio, Keanu Reeves como don Juan y Michael Keaton como Zarzal. La actuación de este último fue el mayor riesgo artístico, aunque en absoluto lo mejor: ese Zarzal lunático hasta lo grotesco parece cortado de otra película y pegado por error en ésta. El afán de corrección política habrá sido uno de los motivos para la incorporación de Washington, único en el elenco que no es de raza blanca; el solo mérito que podría encontrársele a tal motivo es que de ese modo la bastardía de su hermano don Juan se sugiere desde las primeras imágenes; pero aun así el efecto podría resultar contrario, pues el carismático don Pedro que él compone es quien al final se queda solo mientras sus amigos cercanos se casan. A las estrellas internacionales se unieron otras que todavía no lo eran y que tenían detrás una larga experiencia en el teatro, particularmente en el de Shakespeare: entre otros, además de Branagh, cuyo chillón Benedicto no será seguramente recordado entre sus actuaciones más memorables, se destaca especialmente Emma Thompson, cuya Beatriz, con su presencia y sutil manejo de los gestos más ínfimos, recompensa con creces al espectador de esta película, que por lo demás se deja ver con agrado.

Mucho ruido... conoció asimismo versiones operísticas. Louis Hector Berlioz compuso la música y el libreto de la ópera cómica en dos actos *Beatriz y Benedicto*. Fue su última obra de importancia, estrenada en 1862. Del argumento original suprime toda la trama relacionada con la calumnia de Hero, y desarrolla básicamente el contraste entre la feliz reunión de ella con Claudio que regresa de la guerra y la esgrima verbal entre Benedicto y Beatriz. Menos conocida, aunque muy celebrada cuando se estrenó en 1901 por quienes alentaban en Inglaterra la producción de un teatro lírico propio, es la ópera en cuatro actos de Charles Villiers Stanford, que retiene el título de Shakespeare. El libreto de Julian Sturgis esencialmente reordena el texto, lo que conlleva necesariamente algunos retoques. En el primer acto, en casa de Lionato, se plantean las dos líneas principales del argumento. El segundo, en el jardín de la casa, es una sucesión de episodios breves: Claudio da una serenata a Hero; se monta la simulación (con participación de Hero) para que Benedicto admita ante sí mismo su amor por Beatriz; a continuación él la corteja; Hero y Claudio cantan un dúo amoroso; don Juan calumnia a la joven; se pone en acto la escena de la ventana, y Claudio jura vengarse. El acto tercero está constituido por la escena de la iglesia. El cuarto comienza con Zarzal y Acíbar y el arresto de Boracho; seguidamente Beatriz se lamenta ante la tumba de Hero, se descubre el engaño, la calumniada resurge y llega el final feliz con doble matrimonio.

La traducción castellana largamente instalada del título, *Mucho ruido y pocas nueces*, tiene sólo dos méritos: corresponde a una expresión proverbial inglesa con otra castellana, y traduce correctamente la primera mitad de la expresión original. Fuera de eso, es altamente incorrecta, inadecuada y desorientadora. En efecto, *Much Ado about Nothing*, literalmente "Mucho alboroto en torno a nada", o más fluida y coloquialmente "Mucho ruido por nada", remite a algo insustancial previo, una "nada", en torno a lo cual se ha generado posteriormente un exagerado alboroto, "mucho ruido"; por el contrario, el refrán "mucho ruido y pocas nueces" remite a una resonante promesa de grandes cosas, "mucho ruido", que luego sólo se concreta en magros resultados, "pocas nueces" o una "nada". De modo que semejante traslación, en primer lugar, invierte el orden de los hechos, pues ubica el "mucho ruido" cronológicamente antes que lo otro: en lugar de efecto de una "nada", pasa a ser causa de "muchas nueces". En segundo lugar, introduce una noción de resultados inversa a la del título original y a su reflejo en la acción: por un lado, Claudio, apoyado por don Pedro, hace "mucho ruido" por una supuesta infidelidad de Hero que no es tal, o sea, "por nada", pero finalmente se casa con ella, o sea, hay "muchas nueces"; por otro lado, Benedicto y Beatriz hacen "mucho ruido" uno contra el otro y contra el matrimonio en general, pero terminarán casándose, o sea, el "mucho ruido" era "por nada" y al final hay "muchas nueces", grandes resultados contrarios a los que se prometían.

Una traducción más literal del título acarrea, de todas maneras, otro inconveniente no menor, que no lo es tanto en relación con el inglés de la actualidad pero sí en comparación con el oído del público contemporáneo al autor: en aquellos tiempos, *nothing*, "nada", y *noting*, "notar, percibir", podían pronunciarse de modo casi indistinguible. De manera que el título sugería, como doble sentido, "Mucho ruido por notar", con la idea, desarrollada en el argumento, de "por percibir (erróneamente)". Y esto es, nada más y nada menos, lo que mueve los hilos principales de una obra repleta de simulaciones destinadas a engañar la percepción de los personajes, en lo que constituye un modo sutil de representaciones dentro de la representación:

- El hecho crucial para la trama, la prueba de la supuesta infidelidad de Hero, que por lo demás no ocurre en el escenario, es una puesta en escena de don Juan, con la colaboración autoral y actoral de Boracho y la también actoral, aunque no a sabiendas, de Margarita, representada ante los espectadores Claudio y don Pedro.
- La reacción de Claudio, si bien no es una simulación, es consecuencia de la arriba mencionada, y es además un desmesurado despliegue teatral con la colaboración del príncipe y con numerosos espectadores dentro de la obra.
- Cuando don Pedro había prometido cortejar a Hero en nombre de Claudio, en determinado momento había ensayado ante éste, su espectador ocasional, el futuro papel con tan lograda simulación que un testigo ocular y auditivo, espectador invisible dentro de la obra, parece informar luego a Antonio lo que había "notado": que el príncipe iba a pedir para sí la mano de Hero.
- Don Pedro, según lo prometido, corteja a Hero enmascarado, simulando ser Claudio y en nombre de éste, quien a su vez, tras ser espectador de la escena y con la tergiversadora ayuda de don Juan, cree que

don Pedro ha actuado en nombre propio, y otro tanto cree el espectador Benedicto.

• La simulación de la muerte de Hero, como también al menos una parte de las consecuentes recriminaciones de Lionato y Antonio a Claudio y don Pedro, los posteriores lamentos ante la tumba (en este caso sin voluntad de simulación en los participantes, que ignoran la inexistencia de muerta) y el camino a la nueva boda son puestas en escena escritas y dirigidas (tramadas) por el fraile.

• En cuanto a Beatriz y Benedicto, de por sí representan todo el tiempo el papel del rechazo mutuo y del desdén del amor y el matrimonio, intercalándose sucesivamente como actor y espectador frente al otro. Que hay simulación en sus conductas es algo que va saliendo cada vez más claramente a la luz con el correr de la obra, y quedará palmariamente demostrado con su boda a concretarse en el final.

• Para que cambiaran de actitud, el punto de inflexión ha sido un par de escenas de simulación ideadas y dirigidas por el príncipe don Pedro, con la participación actoral respectiva de él mismo junto a Claudio y Lionato por un lado, con Benedicto de espectador, y de Hero y Úrsula por el otro, con Beatriz de espectadora.

• Los únicos personajes relativamente destacados que, por así decirlo, jamás simulan a propósito, Zarzal y Acíbar con la guardia, son en todo momento hiperteatrales, representan en exceso (y con muchos defectos, pero con la sola efectividad necesaria) el papel de vigilancia que se les ha encomendado.

En suma, ésta es una obra en que prácticamente

todos los personajes, de un modo u otro, en un momento u otro, son actores, autores, directores y/o espectadores teatrales (incluso el mensajero de la escena inicial es un actor dotado en el ingenio cortesano, del que sienta las bases desde el principio mismo). Pero la particularidad esencial es que en tanto espectadores tienden a percibir erróneamente, y sus errores de apreciación son el motor de la acción toda.

Los tres hilos de la trama, el "serio" (Claudio-Hero, tomado de las fuentes), el "cómico" (Benedicto-Beatriz, ingenio cortés) y el auxiliar y también cómico (Zarzal y la guardia, bufonesco), se entrelazan de un modo tan logrado que Algernon Charles Swinburne, con un entusiasmo tal vez algo excesivo pero no descabellado, consideró que a ese respecto ninguna otra creación de Shakespeare resistiría la comparación con ésta. Los dos hilos principales se entrelazan armoniosamente hasta la mitad de la obra, como si tendieran sin mayores sobresaltos a un doble final feliz (que de todas maneras llegará, pero tras grandes sobresaltos). Allí, a mediados de la segunda escena del acto tercero, se presenta don Juan ante don Pedro y Claudio para poner en marcha su intriga. A continuación, como un *deus ex machina* grotescamente risible pero al cabo eficaz, irrumpe el hilo auxiliar (la guardia) que, pese a amenazar constantemente por su propio disparate con que el pescado se escurra de las manos de los pescadores, precisamente a causa de eso demora la solución de la intriga para permitir el avance de la acción principal, no sin haber aliviado ya al público respecto al funesto plan del intrigante: ni bien ese plan acaba de ponerse en marcha, ya es claro que a la larga no prosperará. Con ese alivio subyacente, la extensa escena inicial del acto cuarto arriba a un doble clímax: en el hilo "serio", Claudio rechaza espectacularmente a Hero; en el hilo "cómico", Beatriz, que a esa altura demuestra haber aprendido a manejar a Benedicto, le pide que mate a Claudio. Contrarrestando nuevamente la gravedad de semejante escena, en la siguiente Zarzal y los suyos, con la sensata colaboración del escribano, avanzan en la resolución del caso. Así, el camino hacia el final feliz que cabe a una comedia ya está trazado, y el momento más dramático, que potencialmente podría haber envenenado la comedia, no lo hizo porque está enmarcado por su doble antídoto: en el tono, lo más lanzado hacia la comicidad, y en el argumento, lo que al cabo remediará el mal inoculado.

El sutil entramado de los hilos, la diseñada alternancia de lo serio y lo cómico, y dentro de lo cómico de diversas formas de comicidad, conviven con varios cabos sueltos, inconsistencias menores o puntos oscuros, que pueden pasar mayormente inadvertidos en la velocidad de la representación. Ya el manejo del tiempo, como a menudo en Shakespeare, es bastante resbaladizo: el príncipe de Aragón llega a casa de Lionato; a la noche hay fiesta; en ella se arregla el casamiento de Claudio con Hero para una semana después, y de allí en más no hay mayores indicaciones de los días en que se ubican los hechos a lo largo de esa semana hasta que, la víspera de la boda, don Juan invita para esa misma noche a la prueba ocular simulada; al día siguiente, frustrada la boda a la mañana temprano, apenas unas horas después

Lionato dice que Hero ya ha sido enterrada. En alguno de los muchos espacios en blanco que quedan durante aquella semana habrá que suponer que tal vez se llevó a cabo la serenata ante la ventana de Hero propuesta por don Pedro. Según éste, Boracho les "confesó los viles encuentros" que tuvo con Hero "en secreto mil veces": ¿cuándo y cómo?, ¿habrá que suponer que Boracho es nativo, habitante o visitante asiduo de Mesina? La esposa de Lionato es mencionada en un par de acotaciones de entrada en escena, pero nada más indica su existencia para la acción. Un hijo de Antonio es mencionado explícitamente una vez sola, pero hacia el final parece ser que tal padre no tiene ningún hijo. Antes que Claudio aparezca, se hace referencia a un tío suyo de Mesina, pero nada más se sabrá al respecto en adelante. Acaso más un misterio deliberado que un descuido es que al final del primer acto don Juan salga en dirección a la cena y a continuación, al comenzar el acto siguiente, no se lo haya visto allí. Pero las mayores dudas son las que genera el hecho de que posibles pruebas firmes contra el fraude de don Juan queden sumidas en la más completa oscuridad. Primero, hay que suponer que Margarita, colaboradora del fraude sin saber bien qué hacía y para qué se hacía, no se cuenta entre los "acompañantes" que ingresan para la ceremonia nupcial, o menos probablemente que, estando presente, no se atreve a declarar su falta; en aquel caso, habrá que suponer que luego sigue sin enterarse de tan resonante rechazo de su ama o que demora en confesar, y en el otro, que igualmente sigue callando, cuando cualquier demora de su parte resulta difícil de entender y más aún de excusar (y Lionato en buena medida le entenderá y excusará la participación en el fraude). Segundo, Hero es acusada de haber estado hablando con Boracho a través de la ventana de su habitación, y pese a que ella no durmió allí esa noche, en ningún momento esgrime en su defensa una prueba tan contundente, ni tampoco lo hace su prima Beatriz, que había dormido con ella los doce meses anteriores y por ende tiene que saber del cambio de habitación.

En comparación con las fuentes, Shakespeare introduce un par de trazos que hacen un poco más entendible el error de su Claudio: ya antes el jovencito, con la pérfida ayuda de don Juan, "nota" erróneamente que don Pedro ha cortejado a Hero en nombre propio, y Benedicto participa del mismo error de apreciación; y luego, al "notar" erróneamente la supuesta infidelidad de Hero, también tiene compañía en el error, como ocurre en Ariosto, es cierto, pero con la diferencia de que el acompañante es en *Mucho ruido...* alguien más experimentado y con buenas dotes de autoridad. No obstante, al mismo tiempo, Shakespeare hace tan espectacular (teatral) la escena del rechazo, y a su Claudio tan poco dubitativo y proclive a darse cuenta de su error hasta que lo confrontan con una prueba contundente, que la conducta del jovencito se vuelve más odiosa. Mucho se ha escrito sobre este Claudio, en procura de condenarlo, excusarlo o entenderlo; y ninguna de las opiniones tiene toda la razón, pero todas la tienen en parte; porque el misterio de las grandes creaciones en general, y de las de Shakespeare en particular, siempre excederá las explicaciones unívocas. Otro tanto puede decirse sobre el lugar de la mujer: el bardo ha creado grandes personajes femeninos, y no desmerece entre las mejores su Beatriz, cuya aguda inteligencia no sólo no se desluce ante la de su contraparte masculina Benedicto, sino que incluso tiende a superarla; pero, si bien puede haber entre líneas cierta crítica al estado de cosas, no se sugiere la propuesta de una organización social demasiado distinta. Shakespeare es tan eterno como hijo de su tiempo, y nunca está de más recordar que no escribió la semana pasada.

Mucho ruido... está escrita preponderantemente en prosa. A excepción de un pareado aislado en la primera escena del acto segundo y de las canciones, que presentan metros variados, los pasajes en verso emplean, como usualmente, el llamado "pentámetro yámbico", y la traducción que se acompaña lo corresponde con el alejandrino castellano, que permite seguir al original verso por verso, con cierta flexibilidad en las cesuras intermedias y las ligazones sonoras de vocales; ocasionales metros yámbicos más breves o más largos son correspondidos, aquéllos, con endecasílabos o heptasílabos cuando alcanzan a dar tal extensión, y éstos, con la sumatoria de un heptasílabo más un endecasílabo o viceversa. Cuando el autor rima, lo mismo hace la traducción, que también reproduce las reiteraciones de una misma palabra en posición final cercana y otras formas de repetición. Los numerosos juegos de palabra necesariamente recreados se verán comparados con el texto inglés en notas al pie, de modo que el lector que así lo desee tenga a mano la posibilidad de confrontarlos. Otras notas se ocupan de aspectos tratados más genéricamente en esta introducción, de variantes textuales (que pueden explicar diferencias entre distintas traducciones y sobre todo dan cuenta de que no siempre hay certeza sobre lo que escribió el autor), de cuestiones relativas a la puesta en escena y de otros detalles específicos.

Unas palabras en cuanto a los nombres de personajes, acerca de lo cual algo ya se ha adelantado. La acción transcurre en Italia. El príncipe aragonés don Pedro lleva ese nombre castellano en el original; mantener el nombre inglés *don John* de su medio hermano sonaría por lo tanto fuera de lugar, de modo que ha sido vertido como don Juan. Los demás personajes son probablemente todos italianos, pero no siempre así sus nombres. No presentan inconvenientes *Claudio*, *Antonio* y *Ursula*, más allá del tilde que se agrega en este último caso y de las diferencias de pronunciación con el inglés. Tampoco Hero, tomado de una leyenda de la antigüedad griega tardía. En cambio, nombres con forma propiamente inglesa como *Benedick*, *Conrade* (paronomástico de *comrade*, "camarada, compañero"), *Margaret*, *Balthasar* y *Francis* fueron pasados a sus correspondientes castellanas Benedicto, Conrado, Margarita, Baltasar y Francisco. *Leonato* es una transcripción ortográfica aproximada al inglés del italiano *Lionato*, a fin de que la pronunciación inglesa del nombre se asemeje a la italiana de donde proviene, de manera que la traducción, por similares razones fonéticas, emplea la forma Lionato. El nombre *Beatrice* es italiano, y bien podría retenerse, pero en inglés se pronuncia de manera menos semejante al italiano que al castellano Beatriz, forma que por lo tanto ha sido la adoptada (quizá no esté de más recordar, de paso, que este nombre significa etimológicamente "dadora de felicidad"). En cuanto a los nombres de personajes cómicos, que como habitualmente en Shakespeare tienen significado muy a propósito, respectivas notas cuando ellos hacen su ingreso en escena dan cuenta de los equivalentes castellanos asignados. Por último, el nombre de *Borachio*, cuyo lugar de nacimiento y proveniencia no se explicita, es una deformación un tanto a la italiana de la palabra española "borracho"; quizá no habría sido inadecuado, a fin de mantener la extranjeridad a la lengua hablada en la obra, verterlo a una palabra italiana que significara lo mismo, si hubiera alguna que fuese suficientemente similar o resultase familiar a todo el público de habla hispana; la opción por la forma Boracho, discutible como cualquier otra, al menos remeda en algo la pronunciación italiana.

Los títulos y pasajes de obras citados en esta introducción y en las notas fueron traducidos especialmente para su inclusión aquí, con excepción de las citas bíblicas, tomadas de la *Biblia de Jerusalén*, y de un fragmento de *Medida por medida*, tomado de la traducción de Idea Vilariño publicada por Editorial Losada.

Varias personas prestaron amabilísima y valiosísima ayuda a la realización de este trabajo. María

Eugenia Bestani leyó con atención e idoneidad los borradores, e hizo importantes observaciones y contribuciones. Carlos Alberto Ronchi March, Roberto García, Roberto Raschella y Jorgelina Vittori colaboraron con respuestas a consultas y aportes de materiales. Este merecido reconocimiento no les transfiere, por supuesto, ninguna responsabilidad por eventuales falencias en los resultados.

PABLO INGBERG

Mucho ruido y pocas nueces

Personajes

Don Pedro, *príncipe de Aragón*
Don Juan, *su hermano bastardo*
Claudio, *conde florentino*
Benedicto, *noble de Padua*
Lionato, *gobernador de Mesina*
Antonio, *su hermano*
Hero, *hija de Lionato*
Beatriz, *sobrina de Lionato*
Boracho, Conrado,
servidores de don Juan
Mensajero *de don Pedro*
Baltasar, *cantante, servidor de don Pedro*
Margarita, Úrsula,
camareras en casa de Lionato
Fray Francisco
Muchacho, *sirviente de Benedicto*
Zarzal, *alguacil jefe*
Acíbar, *subalguacil*
Primer guardia
Segundo guardia
Custodio, *como escribano municipal*
Un señor
Músicos, acompañantes, guardias, mensajeros

ACTO I

ESCENA I

(*Entran Lionato, gobernador de Mesina, su hija Hero y su sobrina Beatriz, con un mensajero.*)[1]

Lionato:
Me entero por esta carta de que don Pedro de Aragón llega esta noche a Mesina.[2]

Mensajero:
Está muy cerca ya mismo, no estaba ni a tres leguas de aquí cuando lo dejé.

---

[1] Las ediciones en cuarto y en folio incluyen también aquí, luego de Lionato, a su esposa *Innogen*, y lo hacen nuevamente, pero sin dar el nombre, en la acotación inicial de la primera escena del próximo acto; desde L. Theobald se la suprime en ambos casos, pues no tiene ningún parlamento asignado ni se la menciona en ninguna otra acotación, mientras que, si hubiera madre de Hero, cuando ésta es agraviada sería natural que interviniese para consolarla y/o defenderla.

[2] "Pedro": *Pedro*, aquí y en el segundo parlamento subsiguiente de Lionato enmienda de N. Rowe; en las ediciones en cuarto y en folio, *Peter* en ambos casos; Shakespeare parece haber comenzado anglizando la forma italiana *Piero* empleada por M. Bandello, o menos probablemente la francesa *Pierre* empleada por F. de Belleforest, para optar de allí en más por la forma española, ya que se trata de un aragonés.

Lionato:
¿Cuántos nobles habéis perdido en esta acción?

Mensajero:
Sólo unos pocos de alguna clase, y ninguno de renombre.[3]

Lionato:
Una victoria es doble cuando el que la alcanza trae a casa las filas completas. Veo aquí que don Pedro ha otorgado mucho honor a un joven florentino llamado Claudio.

Mensajero:
Mucho mereció por su parte e igualmente lo recordó don Pedro. Ha ido más allá de lo que su edad prometía, haciendo, con porte de cordero, proezas de león:[4] en verdad ha mejorado lo esperable mejor de lo que debéis esperar de mí que os cuente cómo.

Lionato:
Tiene un tío aquí en Mesina que va a ponerse muy contento por eso.[5]

---

[3] "Clase": *sort*, "especie, tipo" y "distinción, categoría" (DRAE, *clase*, 2 y 8 respectivamente).

[4] "Con porte de cordero, proezas de león": además de la aliteración "porte... proezas", que corresponde a *figure... feats*, hay otra en posición alternada que la traducción pierde, *lamb... lion*, "cordero... león". Se trata de ingeniosidades cortesanas al estilo de J. Lyly, como los retruécanos que vienen a continuación.

[5] "Tío": no mencionado en el resto de la obra; probablemente incluido aquí para dar respecto a Claudio idea de abolengo y de familiaridad con el lugar.

Mensajero:
Ya le he entregado cartas, y se nota mucha alegría en él, incluso tanta que la alegría no podía mostrarse suficientemente modesta sin un distintivo de disgusto.⁶

Lionato:
¿Rompió en lágrimas?

Mensajero:
En gran medida.

Lionato:
Natural desborde de un natural amable:⁷ no hay rostros más veraces que los que así se lavan. ¡Cuánto mejor es llorar de alegría que alegrarse de llorar!

Beatriz:
Por favor, el *signior* Estocada, ¿ha regresado de la guerra o no?⁸

---

⁶ "Distintivo de disgusto": remedo de la aliteración *badge of bitterness*, "señal de amargura"; puesto que *badge* era también insignia o distintivo que identificaba a los servidores de un noble, aquí sugiere inferioridad de rango autoatribuida y por ende modestia.

⁷ Juego de palabras entre *kind*, "amable, gentil" y "natural, instintivo, fiel a su naturaleza", y *kindness*, "amabilidad, gentileza".

⁸ "Estocada": *Mountanto*, por *montanto* o *montant*, nombre técnico de un tipo de estocada en esgrima, quizá de arriba hacia abajo, lo que sugiere un doble sentido sexual también alentado por la grafía, que evoca *mount*, "montar", acaso además con un matiz de "arribista, escalador social".

Mensajero:
No conozco a nadie de ese nombre, señorita; no había en el ejército nadie así de ninguna clase.[9]

Lionato:
¿Por quién preguntáis, sobrina?

Hero:
Mi prima se refiere al *signior* Benedicto de Padua.

Mensajero:
Ah, sí, ha regresado, y tan agradable como siempre.

Beatriz:
Puso sus letreros aquí en Mesina retando a Cupido al tiro de flecha a distancia; y el bufón de mi tío, al leer el reto, suscribió por Cupido y lo retó a la flecha de cazar pajaritos.[10] Por favor, ¿a cuántos ha matado y se ha comido en esta guerra? Sólo a cuantos ha

---

[9] "Señorita": así se verá traducida casi siempre en esta obra la palabra *lady*, "dama, señora", la primera inusual en castellano con función vocativa (como en este caso) o atributiva, y la segunda confusa cuando se aplica, como en general aquí, a solteras.

[10] "Tiro de flecha a distancia": *flight*, por *flight-arrow*, literalmente "flecha de vuelo", liviana y con plumas para el disparo a larga distancia, llamado *flight shooting*. "Bufón": así se verá siempre traducida en esta obra la palabra *fool*, "bufón" y "tonto, necio", a veces ambas cosas a la vez; en otros casos "tonto" puede dar ambas ideas, pero en esta frase podría mal interpretarse que el tonto es el tío. "Lo retó a...": al asumir el papel de desafiado, le corresponde elegir el arma. "Flecha de cazar pajaritos": *bird-bolt*, como se llamaba también a la flecha con que el dios Cupido asaeteaba los corazones de aquellos a quienes quería hacer enamorarse; Beatriz sugiere que un arma de bufón es adecuada para Benedicto, y que éste no es de temer con el arma de Cupido.

matado, porque en verdad yo prometí que me comería a todos los que él matara.[11]

Lionato:
A fe, sobrina, que graváis demasiado al *signior* Benedicto, pero él va a emparejarte, no lo dudo.

Mensajero:
Ha prestado un buen servicio en esta guerra, señorita.

Beatriz:
Teníais vituallas rancias y él ha ayudado a comerlas: es un valiente en la mesa, tiene un estómago excelente.[12]

Mensajero:
Y un buen soldado también, señorita.

Beatriz:
Y un buen soldado también... ante una señorita; pero, ¿qué es él ante un señor?

Mensajero:
Un señor ante un señor, un hombre ante un hombre, relleno de toda honorable virtud.

---

[11] "Comer todo lo que (o 'a todos los que') él mate" era una expresión proverbial irónica, con la sugerencia de que la persona en cuestión no lograría matar a ninguno.
[12] "En la mesa": *trencher-man*, literalmente "hombre de la fuente (o 'bandeja')", esto es, voraz. "Estómago": *stomach*, con el sentido figurado de "apetito" y el doble sentido también figurado y hoy obsoleto de "coraje".

Beatriz:
Así es, en verdad, no es nada menos que un hombre relleno; pero en cuanto al relleno, en fin, todos somos mortales.

Lionato:
No debéis interpretar mal a mi sobrina, señor. Hay una clase de guerra chistosa entre el *signior* Benedicto y ella: nunca se encuentran sin que haya una escaramuza de ingenio entre los dos.

Beatriz:
¡Ay!, él no consigue nada con eso. En nuestro último conflicto, cuatro de sus cinco ingenios se le salieron mal parados, y ahora todo él está gobernado por uno solo: así que, si tiene ingenio suficiente para mantenerse en calor, que lo conserve como distintivo entre él y su caballo, porque es toda la riqueza que le ha quedado para ser reconocido como una criatura racional.[13] ¿Quién es ahora su compañero? Cada mes tiene un nuevo hermano jurado.[14]

---

[13] "Cinco ingenios" (*five wits*): el sentido común, la imaginación, la fantasía, el juicio y la memoria, facultades mentales; aunque a veces se empleaba esta expresión como sinónimo de "cinco sentidos", facultades corporales, Shakespeare diferencia unos de otros en su Soneto CXLI, y aquí se refiere claramente a facultades mentales. "Ingenio suficiente para mantenerse en calor": expresión proverbial. "Distintivo": *difference*, con el doble sentido de "marca heráldica distintiva", que en general indicaba pertenencia a una rama menor de la familia.

[14] "Hermano jurado": como se llamaban en la caballería medieval quienes juraban compartir cuanto deparasen las fortunas de uno y otro; tratándose de un juramento de por vida, la paradoja "cada mes... un nuevo" motiva la respuesta del mensajero.

Mensajero:
¿Es posible?

Beatriz:
Muy fácilmente posible: lleva su lealtad no más que como la moda de su sombrero, siempre cambia con el molde siguiente.[15]

Mensajero:
Veo, señorita, que el caballero no está en vuestros libros.[16]

Beatriz:
No, y si estuviera, yo quemaría mi estudio. Pero, por favor, ¿quién es su compañero? ¿No hay ahora ningún joven pendenciero que quiera hacer con él un viaje al diablo?

Mensajero:
Está mayormente en compañía del justo noble Claudio.

Beatriz:
Oh Señor, va a pegársele como una enfermedad; se

---

[15] "Moda": *fashion*, palabra recurrente, como sustantivo y como verbo, a lo largo de esta obra en que tan importante función cumplen las apariencias engañosas (relativas al sustantivo, traducido siempre aquí "moda" y "modelo") y su preparación (el verbo, traducido siempre aquí "modelar").

[16] "No está en vuestros libros": expresión proverbial inspirada en algún tipo de libro de registro (de sirvientes, de miembros de una institución, de heráldica, de un hospedaje, de comercio) con la idea de "no integra vuestro séquito" o "no goza de vuestro favor".

pesca más rápido que una peste, y el receptor se vuelve loco de inmediato. ¡Dios ayude al noble Claudio! Si se pescó el Benedicto, va a gastar mil libras antes de curarse.[17]

Mensajero:
Quiero contarme entre vuestros amigos, señorita.

Beatriz:
Sea, buen amigo.

Lionato:
Vos nunca vais a volveros loca, sobrina.

Beatriz:
No hasta que haya calor en enero.[18]

Mensajero:
Don Pedro se acerca.

(*Entran don Pedro, Claudio, Benedicto, Baltasar y [don] Juan el bastardo.*)[19]

---

[17] "Benedicto": *Benedict*, único caso en que el nombre *Benedick* aparece escrito así en toda la edición en cuarto; *benedict* se empleaba con el sentido de "bendito", y de allí "salutífero", y, aplicada a *priest*, "sacerdote", significaba "exorcista".

[18] "Enero": el mes más frío del invierno boreal.

[19] "Bastardo": habrá que esperar hasta la primera escena del acto cuarto para que tal origen de don Juan se explicite en la acción, pero el resentimiento consiguiente es marca constitutiva del personaje.

Don Pedro:
Buen *signior* Lionato, ¿venís al encuentro de vuestro problema?[20] La moda del mundo es evitar gastos, y vos vais en su busca.

Lionato:
Jamás vino problema a mi casa en la apariencia de Vuestra Gracia; pues al marcharse el problema, ha de quedarse el consuelo; pero cuando vos os separáis de mí, se aloja la pena y se despide la dicha.

Don Pedro:
Abrazáis vuestra carga con excesiva buena gana. Me parece que ésta es vuestra hija.

Lionato:
Su madre así me lo dijo muchas veces.

Benedicto:
¿Estabais en la duda, señor, que se lo preguntasteis?

Lionato:
No, *signior* Benedicto, pues entonces vos erais un niño.[21]

Don Pedro:
La tenéis completa, Benedicto; de ahí podemos su-

---

[20] "¿Venís...?": según la edición en cuarto (*are you come...*); según la edición en folio, "venís..." (*you are come...*), sin pregunta.

[21] Y por lo tanto no podía ser padre, esto es, mantener relaciones sexuales con la mujer de Lionato; se atribuye por ende a Benedicto cierta fama de mujeriego.

poner lo que sois, siendo ya un hombre. La verdad es que la señorita se pone padre por sí misma: sed dichosa, señorita, pues os parecéis a un padre honorable.[22]

Benedicto:
Así el *signior* Lionato sea su padre, ella no querrá tener sobre sus hombros la cabeza de él ni a cambio de toda Mesina, parecida a él como es.[23]

Beatriz:
Me asombra que queráis seguir hablando, *signior* Benedicto: nadie os escucha.

Benedicto:
Cómo, mi cara señorita Desdén, ¿continuáis aún con vida?

Beatriz:
¿Es posible que Desdén muera cuando ella tiene tan buen alimento con que alimentarlo como el *signior* Benedicto?[24] La mismísima Cortesía ha de convertirse en Desdén, si venís vos a su presencia.

Benedicto:
Entonces la mismísima Cortesía es una tornadiza.

---

[22] "Se pone padre por sí misma" (*fathers herself*): muestra quién es su padre por su parecido a él, según explica lo que sigue.
[23] Esto es, no querrá parecerse al punto de tener la cara (arrugada) y/o el pelo (canoso) totalmente iguales a los de él; "una cabeza vieja sobre hombros jóvenes" era una expresión proverbial.
[24] "Alimentarlo": esto es, alimentar el desdén (de la señorita Desdén).

Pero lo cierto es que me aman todas las mujeres, con vuestra sola excepción; y querría yo descubrir en mi corazón que no tengo un corazón cruel, pues la verdad es que no amo a ninguna.[25]

Beatriz:
Cara dicha para las mujeres; si no, habrían estado en problemas por un pretendiente nocivo. Agradezco a Dios y a mi sangre fría que soy en eso de vuestro mismo humor: prefiero oír a mi perro ladrándole a un cuervo antes que a un hombre jurando que me ama.

Benedicto:
Dios conserve siempre en vuestra señoría ese pensar, así algún que otro caballero ha de escapar a un predestinado rostro arañado.

Beatriz:
Arañar no puede empeorarlo, si se trata de un rostro como el vuestro.

Benedicto:
Bien, sois una extraordinaria instructora de loros.[26]

Beatriz:
Un pájaro con mi lengua es mejor que una bestia con la vuestra.

---

[25] "Corazón cruel": la aliteración remeda la paronomasia del original, *hard heart* ("corazón duro").
[26] Esto es, repetidora de frases hechas.

Benedicto:
Ya querría que mi caballo tuviera la velocidad de vuestra lengua, y tan buena resistencia. Pero seguid vuestro camino, en nombre de Dios, estoy hecho.

Beatriz:
Siempre finalizáis con una treta de rocín, os conozco de hace tiempo.[27]

Don Pedro:
Ése es el resumen de todo: Lionato, *signior* Claudio y *signior* Benedicto, mi caro amigo Lionato, os ha invitado a todos.[28] Le digo que vamos a quedarnos aquí al menos un mes, y él ruega de corazón que alguna circunstancia nos retenga más tiempo. Me atrevería a jurar que no es ningún hipócrita, sino que ruega de corazón.[29]

Lionato:
Si juráis, mi señor, no habréis de resultar perjuro.

---

[27] "Treta de rocín": *jade's trick*, expresión que en B. Jonson, *Cada cual en su humor*, III.iv, se explica "Ah, ¿vais a escabullir del collar la cabeza?"

[28] Puntuación según la edición en cuarto, donde "mi caro amigo Lionato" es aposición del anterior "Lionato", sujeto de la oración; J.P. Collier, seguido en esto por la mayoría de los editores, enmienda la puntuación de modo que el primer Lionato pasa a ser un vocativo que cierra lo anterior: "Ése es el resumen de todo, Lionato. *Signior* Claudio...". En cualquier caso, es claro que don Pedro y Lionato han continuado hablando aparte.

[29] "Hipócritas, bien profetizó de vosotros Isaías cuando dijo: 'Este pueblo me honra con los labios, pero su corazón está lejos de mí'" (*Mateo*, XV.7).

[*A don Juan.*]

Permitidme daros la bienvenida, mi señor; habiéndoos reconciliado con vuestro hermano el príncipe, os debo todo servicio.

Don Juan:
Os agradezco; no soy hombre de muchas palabras, pero os agradezco.

Lionato:
¿Place a Vuestra Gracia ir delante?

Don Pedro:
Vuestra mano, Lionato; avanzaremos juntos.

(*Salen todos menos Benedicto y Claudio.*)

Claudio:
Benedicto, ¿notaste a la hija del *signior* Lionato?[30]

Benedicto:
No la noté, pero la miré.

---

[30] "Notaste": *(didst thou) note*, palabra clave en esta obra motorizada por las percepciones erróneas, la cual se verá reiterada como sustantivo ("nota", en variadas acepciones) e incluso bajo forma adjetiva relacionada (*notable*, "notable"), pero sobre todo como verbo ("notar", en su acepción de "percibir"), ya desde su presencia implícita en el título, por la similitud fonética que había entonces entre *nothing* y *noting* (*Mucho ruido por nada* y *Mucho ruido por notar*), puesta en evidencia en juegos de palabra de la escena tercera del acto segundo; por razones de economía, no se reiteran notas como ésta todas las veces que "notar", así o conjugado, y "nada" evocan este *leitmotiv*.

Claudio:
¿No es una señorita modesta?

Benedicto:
¿Me pedís como un hombre honesto mi franca y verdadera opinión, o queréis que hable según mi costumbre como un tirano declarado ante su sexo?

Claudio:
No, te pido que hables con sobria opinión.

Benedicto:
Pues, a fe, me parece demasiado baja para un alto elogio, demasiado morena para un claro elogio y demasiado pequeña para un gran elogio;[31] sólo este encomio puedo concederle: que si fuera otra que la que es, sería fea, y no siendo otra sino la que es, no me gusta.

Claudio:
Piensas que estoy jugando; te ruego que me digas de verdad qué te parece ella.

Benedicto:
¿Queréis comprarla, que averiguáis sobre ella?

Claudio:
¿Puede el mundo comprar semejante joya?

---

[31] De aquí se infiere que Hero es de baja estatura y cabello oscuro.

Benedicto:
Claro, y un estuche para ponerla dentro. Pero, ¿habláis con ceño adusto, u os hacéis el Juanito burlón para contarnos que Cupido es un buen avistador de liebres y Vulcano un carpintero extraordinario?[32] Vamos, ¿en qué clave hay que tomaros para ir a tono con la canción?

Claudio:
A mis ojos es la señorita más dulce a la que yo jamás haya mirado.

Benedicto:
Todavía puedo ver sin anteojos y no veo ninguna materia semejante. Ahí está su prima, que, a no estar poseída por una furia, la supera tanto en belleza como el primero de mayo al último de diciembre.[33] Pero confío en que no tenéis ninguna intención de transformaros en marido, ¿no?

---

[32] "Adusto": así se verá siempre traducido aquí el adjetivo *sad*, empleado alternativamente en su sentido hoy habitual de "triste" o, como en este caso, en el de "serio". "Juanito" (*Jack*): un don Nadie. "Cupido... avistador de liebres": el dios romano del amor, tradicionalmente representado como ciego, aquí haciendo algo para lo que se requiere particular buena vista, descubrir una liebre echada en medio de vegetación de color similar al suyo. "Vulcano... carpintero": el dios romano del fuego y la metalurgia y forjador de armas para dioses y semidioses, aquí rebajado en el escalafón.

[33] "Furia": las Furias eran divinidades romanas identificadas con las Erinias griegas, que no obedecían a ningún otro dios y se ocupaban en atormentar a los criminales, provocándoles una suerte de locura. "Como el primero de mayo al último de diciembre": esto es, como un día de primavera a uno de invierno.

Claudio:
No confiaría mucho en mí mismo, aunque hubiese jurado lo contrario, si Hero quisiera ser mi esposa.

Benedicto:
¿A esto hemos llegado? A fe, ¿no habrá en el mundo un solo hombre que no lleve gorro bajo sospecha?[34] ¿No volveré a ver jamás a un soltero de sesenta? Adelante, a fe mía; si quieres meter el cuello en el yugo, lleva su marca y pásate los domingos en suspiros.[35] Mirad, don Pedro regresa a buscaros.

(Entra [de nuevo] don Pedro.)[36]

Don Pedro:
¿Qué secreto os ha retenido aquí, que no seguisteis a Lionato?

Benedicto:
Querría que Vuestra Gracia me obligase a contar.

Don Pedro:
Te lo ordeno por tu lealtad.

---

[34] "Lleve gorro bajo sospecha": sin que se sospeche que oculta con el gorro los cuernos que le pone su esposa.

[35] Presumiblemente porque teniendo esposa serán más problemáticos que gratos.

[36] A partir de T. Hanmer se suprime de esta acotación a "[don] Juan el bastardo", quien no participa del siguiente diálogo y se entera de su contenido por Boracho en la tercera escena.

Benedicto:
Ya oís, conde Claudio: puedo guardar un secreto como un mudo, querría que pensarais así, pero por mi lealtad, escuchad esto, por mi lealtad, él está enamorado. ¿De quién? Ahora ésta es la parte de Vuestra Gracia.[37] Escuchad qué pequeña es su respuesta: de Hero, la pequeña hija de Lionato.

Claudio:
Si fuera así, así se enunciaría.[38]

Benedicto:
Como el viejo cuento, mi señor: "no es así, ni fue así, pero en verdad Dios no permita que sea así".[39]

Claudio:
Si mi pasión no cambia pronto, Dios no permita que sea de otra manera.

Don Pedro:
Amén, si la amáis, pues la señorita bien lo vale.

---

[37] "Parte" (*part*): como la parte de texto que corresponde decir a un actor en una representación dramática, la misma palabra traducida "papel" poco más adelante y muy reiterada a lo largo de la obra; Benedicto representa aquí los papeles de los otros dos en un supuesto diálogo.

[38] "Así se enunciaría" (*so were it uttered*): acaso con la sugerencia de que Benedicto se lo contaría a todos.

[39] Alusión a un antiguo cuento folclórico, del que existen varias versiones europeas, en que una dama revela en público crímenes que ha descubierto cometidos por un caballero, y él va negándolos ("no fue así, ni fue así, y Dios no permita que sea así") hasta que ella lo contradice definitivamente aportando una prueba ("pero es así, y fue así, y la prueba está aquí").

Claudio:
Decís eso para hacerme entrar, mi señor.[40]

Don Pedro:
Palabra de honor que digo mi pensar.

Claudio:
Y a fe mía, mi señor, que yo dije el mío.

Benedicto:
Y por mis dos fes y honores, mi señor, que yo dije el mío.[41]

Claudio:
Que la amo es lo que yo siento.

Don Pedro:
Que ella lo vale es lo que yo sé.

Benedicto:
Que ni siento cómo se puede amarla ni sé cómo pueda valerlo es el juicio que ni el fuego podría disolver de mí: con él moriré en la hoguera.[42]

Don Pedro:
Tú siempre fuiste un hereje obstinado en el desprecio de la belleza.

---

[40] "Para hacerme entrar" (*to fetch me in*): esto es, "para que me delate".

[41] "Dos": los que debe a don Pedro y a Claudio respectivamente.

[42] "Hoguera": condena para un "hereje", lo que da pie a la respuesta de don Pedro.

Claudio:
Y jamás pudo sostener su parte sino con la fuerza de su voluntad.[43]

Benedicto:
Que una mujer me concibiera, se lo agradezco; que me criase, igualmente por eso le doy las más humildes gracias; pero que vayan a soplarme en la frente un cuerno de caza, o que vaya a colgarme la cuerna en un cinturón invisible, eso todas las mujeres habrán de perdonármelo.[44] Como no quiero hacerles la injusticia de desconfiar de alguna, me haré la justicia de no confiar en ninguna; y el fin, gracias al cual podré lucir más fino, es que voy a vivir soltero.[45]

Don Pedro:
Ya he de verte, antes que muera, palidecer de amor.

Benedicto:
De cólera, de enfermedad o de hambre, mi señor, de amor no; demostrad que alguna vez pierdo más sangre por amor de la que voy a recuperar bebiendo, y sacadme los ojos con la pluma de un baladista y col-

---

[43] Continúa el juego con la herejía, la cual consiste no sólo en sostener una creencia sino en hacerlo por propia voluntad; pero a su vez el juego teatral con "parte" (*part*, "papel") degenera en doble sentido sexual, por "la parte, el falo" y "la fuerza de su voluntad" (la fuerza de su *will*, que puede significar también "deseo").

[44] "Invisible": como de hecho son los "cuernos" de los cornudos.

[45] "Fin... más fino": *fine... finer*, "conclusión... más elegante"; lucirá más fino o elegante porque, no teniendo esposa, contará con más dinero para vestirse.

gadme a la puerta de un burdel como imagen del ciego Cupido.⁴⁶

Don Pedro:
Bien, si alguna vez faltas a esa fe, demostrarás ser un notable tema de discusión.

Benedicto:
En ese caso, colgadme de una botella como a un gato y disparadme, y al que me acierte, que le den una palmada en el hombro y lo llamen Adán.⁴⁷

Don Pedro:
Bien, que el tiempo lo pruebe.⁴⁸ "A su tiempo el toro salvaje soporta el yugo".⁴⁹

⁴⁶ "Pierdo... sangre por amor": existía la creencia en que se perdía una gota de sangre a cada suspiro, y suspirar es típico en los enamorados. "Recuperar bebiendo": "un buen vino hace buena sangre" (proverbio). "Baladista": que compone baladas amorosas. "Colgadme... como imagen del ciego Cupido": los burdeles londinenses exhibían en el frente carteles con una imagen que identificaba a cada uno.

⁴⁷ "Botella": *bottle*, recipiente para líquidos, originariamente de arcilla o cuero; aunque la expresión *twiggen bottle*, "botella de varillas" (esto es, de mimbre), en *Otelo*, II.iii, sugiere el sentido de "canasto", el OED no lo registra, y no conviene perder aquí la proximidad entre "botella" y la reciente alusión a la bebida; con todo, hay testimonios ingleses de la época según los cuales se practicaba tiro con arco a un blanco consistente en un gato dentro de un canasto (no es claro si se trataba de gatos vivos o muertos, aunque algunos testimonios especifican que era artificial). "Adán": *Adam*, probablemente alusión a Adam Bell, famoso forajido y arquero en cuyo honor se compusieron baladas.

⁴⁸ Expresión proverbial.

⁴⁹ Cita casi textual de T. Kyd, *La tragedia española*, II.i.3, que se inspira a su vez en un poema de T. Watson; se trata de una expresión proverbial con antecedentes que se remontan a Ovidio, *Arte de amar*, I.471 ("Con el tiempo el indómito novillo va al arado").

Benedicto:
El toro salvaje puede ser; pero si alguna vez el sensato Benedicto lo soporta, arrancadle los cuernos al toro y ponédmelos en la frente, y que me retraten con vileza, y en letras grandes, como cuando escriben: "Aquí se alquila un buen caballo", indiquen: "Aquí podéis ver a Benedicto el casado".

Claudio:
Si eso ocurriera alguna vez, estarías loco del cuerno.[50]

Don Pedro:
No, si Cupido no ha hecho temblar ya todas las flechas de su carcaj en Venecia, tú vas a temblar por eso pronto.[51]

Benedicto:
Entonces también espero un temblor de tierra.

Don Pedro:
Bien, contemporizad con las horas. Entretanto, buen *signior* Benedicto, dirigíos donde Lionato, saludadlo de mi parte y decidle que no faltaré a su cena, pues en verdad ha hecho grandes preparativos.

---

[50] "Loco del cuerno": *horn-mad*, expresión antigua con sentido semejante a la castellana "loco de atar".

[51] Literalmente, "si Cupido no ha gastado todo su carcaj/temblor (*quiver*, que significa ambas cosas) en Venecia, tú vas a temblar (*quake*, que en el parlamento siguiente forma parte de *earthquake*, 'temblor de tierra, terremoto') por eso pronto". "Venecia": ciudad con amplia fama de libertina en tiempos de Shakespeare ("En Venecia permiten a Dios ver las diabluras / Que a sus maridos nunca mostrarían", *Otelo*, III.iii).

Benedicto:
Tengo en mí casi materia suficiente para semejante embajada; y con esto os encomiendo...

Claudio:
Al amparo de Dios. Desde mi casa, si la tuviera...

Don Pedro:
A seis de julio.[52] Vuestro afectuoso amigo, Benedicto.

Benedicto:
No, no os burléis, no os burléis. El cuerpo de vuestro discurso está a veces adornado de retazos, y los adornos apenas si están hilvanados en alguno. Antes de seguiros mofando de terminaciones viejas, examinad vuestra conciencia; y con esto me despido.[53]

(*Sale.*)

Claudio:
Mi señor, Vuestra Alteza puede hacerme ahora un
  [bien.

---

[52] "Seis de julio": acaso antigua fecha de la fiesta de San Juan, ocasión apropiada para semejante "locura de verano". La frase comenzada por Benedicto es continuada por Claudio y don Pedro con fórmulas habituales para los cierres de cartas en la Inglaterra de Shakespeare.

[53] "Terminaciones viejas": *old ends*, "viejos finales (formulares de cartas)" y, continuando con la metáfora sastreril, "viejos sobrantes (de tela, empleados para hacer adornos en las vestimentas)". "Examinad vuestra conciencia": "quien culpe a otro debe estar libre de culpas" (proverbio).

Don Pedro:
Mi afecto es tuyo para que le enseñes: enséñale
Sólo cómo y verás cómo aprende al instante
Cualquier lección difícil que pueda hacerte bien.

Claudio:
¿Tiene Lionato algún hijo, mi soberano?[54]

Don Pedro:
Hero y ninguno más, es su única heredera.
¿Sientes, Claudio, afición por ella?

Claudio:
                              Ah, mi señor,
Cuando a esta acción recién terminada avanzasteis,
Con ojos de soldado la miré, que gustaron
De ella, pero entre manos una empresa tenían
Más ruda que otorgar nombre de amor al gusto.
Pero ahora, al volver, que esos pensamientos de
   [guerra
Han dejado vacante su lugar, en su sitio
Se apiñan unos suaves, delicados deseos,
Que me apuntan lo bella que la joven Hero es
Y que antes que a la guerra yo partí gusté de ella.[55]

Don Pedro:
Pronto estarás al gusto de los enamorados

---

[54] Claudio es un enamorado "prudente", comienza por averiguar las perspectivas económicas de un enlace con Hero.

[55] "Delicados deseos": la aliteración corresponde al original, *delicate desires*. "Que me apuntan" (*prompting*): como el apuntador a los actores en el teatro.

Y cansarás al que oiga con libros de palabras.[56]
Si amas a Hero de veras, da a tu esperanza aliento,
Que encararé yo el tema con ella y con su padre
Y tú habrás de tenerla. ¿No fue para ese fin
Que empezaste a dar vueltas a una historia tan linda?

Claudio:
¡Qué dulcemente dais la cura del amor,
Al conocer el mal de amor por el aspecto!
Yo para que mi gusto no pareciera súbito
Le habría administrado tratamiento más largo.

Don Pedro:
¿Para qué ha de ser más ancho el puente que el río?
La concesión más bella no es sino la precisa.
Lo que sirve es benéfico: de una vez sola, tú amas
Y he de beneficiarte con el remedio justo.[57]
Sé que hemos de tener esta noche una fiesta;
Yo con algún disfraz voy a hacer tu papel,
Y a la bella Hero le he de decir que soy Claudio,
Y allí en su seno voy a abrir mi corazón
Y a tomar prisionera su atención por la fuerza
Y el vigoroso ataque de mi cuento amoroso.[58]

[56] "(Estarás) al gusto": *like*, aquí "(serás) como", pero en el parlamento previo reiterado a modo de verbo, "gustar".

[57] "Benéfico / beneficiar(te)": *fit* ("adecuado", "sano") / *fit* ("suministrar").

[58] Anticipo de uno de los más explícitos entre los tantos juegos con la teatralidad dentro del teatro en esta obra; el modo en que don Pedro asume aquí por anticipado su papel con frases como "mi corazón" y "mi cuento amoroso" podría pensarse como origen del malentendido del informante de Antonio que se verá en la escena siguiente. "En su seno" (*in her bosom*): en la intimidad.

Después voy a encarar al respecto a su padre,
Y ésta es la conclusión: que ella habrá de ser tuya.
En práctica pongamos todo esto de inmediato.

(*Salen.*)

ESCENA II

(*Entran Lionato y* [*Antonio,*] *un anciano hermano de Lionato.*)[59]

Lionato:
¿Qué tal, hermano? ¿Dónde está mi pariente vuestro hijo?[60] ¿Ha provisto esa música?

Antonio:
Está muy ocupado en eso. Pero hermano, puedo daros extrañas noticias que ni soñabais.

Lionato:
¿Son buenas?

---

[59] N. Rowe, en su edición de 1709, identificó "anciano", "hermano" y "Antonio" como un solo personaje, algo generalmente aceptado desde entonces; hay que esperar hasta la escena inicial del último acto para que sea llamado "hermano Antonio", de donde se ha conjeturado que el autor fue decidiéndose por un personaje único para el papel a medida que avanzaba en la composición.

[60] "Pariente": *cousin*, "primo", en tiempos de Shakespeare aplicado a diversos parentescos o incluso en tono afectuoso a allegados sin parentesco; quizá con ambos sentidos se reitera el término al final de esta escena, donde el tal sobrino de Lionato, si se tratara de él allí, podría hacer su aparición única en la obra (sólo hay otra probable aparición suya, también sin texto asignado, en la acotación inicial de la escena que abre el próximo acto, como *kinsman*, "pariente"); no obstante, si "anciano", "hermano" y "Antonio" fueran el mismo, y éste tuviera un hijo, habría una contradicción cuando en la primera escena del acto quinto Lionato dice, respecto de la supuesta hija de Antonio, "Y es la única heredera que tenemos los dos" (aunque allí estén simulando, es difícil que, si hubiera tal hijo, los huéspedes no supieran de su existencia).

Antonio:
Según los hechos las impriman, pero tienen buena cubierta, por fuera se ven bien. El príncipe y el conde Claudio anduvieron caminando por un espeso sendero de mi huerto, y uno de mis hombres alcanzó a escuchar esto: el príncipe reveló a Claudio que amaba a mi sobrina, tu hija, y se proponía reconocerlo esta noche en un baile; y si la hallaba de acuerdo, se proponía tomar a la ocasión por los cabellos y al instante encarar con vos el tema.[61]

Lionato:
¿Tiene algo de entendimiento el tipo que os contó eso?

Antonio:
Es un buen tipo sagaz; voy a enviar por él, interrogadlo vos mismo.

---

[61] "Mi huerto": la charla de la escena anterior tuvo lugar presumiblemente frente a la casa de Lionato, a menos que el huerto (o jardín) de Antonio fuera vecino y se hubiesen desplazado hacia allí mientras hablaban; en la escena siguiente, Boracho dirá que la charla tuvo lugar en una habitación, aunque puede estar mofándose; si bien Shakespeare suele no prestar atención a este tipo de incongruencias, que en la representación pasan mayormente inadvertidas, aquí podría haberse propuesto jugar con las deformaciones del rumor —como de hecho las hay en ambos informes–, en una obra que ya desde el título sugiere errores de apreciación; no obstante, ha habido quienes sostuvieron que la charla en escena y los dos reportes refieren a tres ocasiones distintas. "Tomar a la ocasión por los cabellos": proverbio de sentido más o menos similar al castellano "tomar el toro por las astas"; en E. Spenser, *La reina de las hadas*, II.IV.iv, a comienzos del relato de Fedón análogo al argumento de esta obra, se describe a Ocasión con un mechón de cabello delante y calva por detrás.

Lionato:
No, no, mantendremos esto como un sueño hasta que se manifieste por sí mismo. Pero voy a poner a mi hija al tanto de todo, así puede prepararse mejor para la respuesta, si por ventura eso es cierto. Id vos y contádselo.

[*Varias personas cruzan el escenario.*][62]

Parientes, vosotros sabéis lo que tenéis que hacer. Ah, imploro vuestra clemencia, amigo; venid conmigo, que voy a hacer uso de vuestras habilidades. Buen pariente, cuidad de este momento de tanta agitación.

(*Salen.*)

---

[62] Acotación de L. Theobald, pues las siguientes palabras de Lionato evidencian la aparición de otras dos o más personas en escena, acaso sirvientes, acaso los músicos y entre ellos el sobrino ("Buen pariente").

ESCENA III

(*Entran don Juan el bastardo y su compañero Conrado.*)

Conrado:
Qué demonios, mi señor, ¿por qué tenéis esa tristeza sin medida?⁶³

Don Juan:
No hay medida en la circunstancia que la nutre, por eso la tristeza no tiene límite.

Conrado:
Deberíais oír a la razón.

Don Juan:
Y cuando la haya oído, ¿qué bendición trae?

Conrado:
Si no un remedio inmediato, al menos una tolerancia paciente.

Don Juan:
Me asombra que tú, que según dices naciste bajo Saturno, te esfuerces por aplicar una medicina moral a un mal mortífero.⁶⁴ No sé ocultar lo que soy: debo

---

⁶³ "Qué demonios": *what the good-year*, literalísimamente "qué el buen-año", expletivo sin significado específico, que a veces denotaba algún poder o agente maléfico indefinido (OED).

⁶⁴ "Naciste bajo Saturno": y por lo tanto debería ser "saturnino", de genio triste y taciturno por la supuesta influencia del planeta Saturno

estar adusto cuando tengo motivo y no sonreír por las bromas de nadie, comer cuando me lo pide el estómago y no esperar los tiempos de nadie, dormir cuando estoy con sueño y no atender a los asuntos de nadie, reír cuando estoy contento y no palmear a nadie según su humor.

Conrado:
Claro, pero no debéis hacer la completa exhibición de eso hasta que podáis hacerla sin vigilancia. Vos os habéis rebelado hace poco contra vuestro hermano, y él os ha tomado de nuevo en su gracia, donde es imposible que toméis verdadera raíz si no es por el buen clima que hagáis vos mismo. Es necesario que os preparéis la estación de vuestra propia cosecha.

Don Juan:
Prefiero ser mosqueta en un seto antes que rosa en su gracia, y cuadra mejor a mi sangre ser desdeñado por todos que modelar un comportamiento para robar el afecto de alguno. En eso, aunque no se pueda decir que soy un honesto que adula, no se habrá de negar que soy un villano de trato franco. Se fían de mí con bozal y me manumiten con grillos; por lo tanto he decretado que no cantaré en mi jaula. Si tuviera mi boca, mordería; si tuviera mi libertad, haría mi gusto; entretanto, déjame ser lo que soy y no procures cambiarme.

(OED y DRAE), esto es, de carácter similar al de don Juan. "Medicina moral... mal mortífero": la aliteración reproduce la del original, *moral medicine... mortifying mischief*.

Conrado:
¿No podéis hacer ningún uso de vuestro descontento?

Don Juan:
Voy a hacer todo el uso, porque es lo único que uso. ¿Quién viene aquí?

(*Entra Boracho.*)

Boracho:
Vengo de una gran cena allí. Vuestro hermano el príncipe está siendo festejado regiamente por Lionato; y puedo daros datos de inteligencia acerca de un propósito matrimonial.

Don Juan:
¿Servirá de plano para edificar algún mal? ¿Qué especie de bufón es el que se compromete con la intranquilidad?

Boracho:
Pardiez, es la mano derecha de vuestro hermano.[65]

Don Juan:
¿Quién, el exquisitísimo Claudio?

Boracho:
El mismo.

---

[65] "Pardiez": *marry*, eufemismo por *by Mary*, "por (la Virgen) María", como "pardiez" respecto a "por Dios".

Don Juan:
¡Apropiado galancete! ¿Y con quién, y con quién? ¿Hacia qué lado mira?

Boracho:
Pardiez, hacia Hero, la hija y heredera de Lionato.

Don Juan:
¡Qué cría precoz![66] ¿Cómo llegasteis a eso?

Boracho:
Oficiando de sahumador, mientras estaba perfumando una habitación con olor a encierro, me vienen el príncipe y Claudio, mano con mano en adusta conferencia.[67] Me escabullí como un látigo tras el tapiz, y allí oí cómo acordaban que el príncipe cortejaría a Hero para sí, y una vez conseguida, se la daría al conde Claudio.

Don Juan:
Venid, venid, vayamos allí; esto puede resultar alimento para mi disgusto; ese joven arribista obtiene toda la gloria de mi derrumbe. Si consigo hacerle la cruz de cualquier modo, me bendigo a mí mismo de

---

66 *A very forward March-chick*, más literalmente "qué precoz/atrevido polluela/o de marzo (esto es, nacido/a antes de temporada)"; la traducción respeta la ambigüedad del original, donde esta expresión podría referirse tanto a Hero como a Claudio, más probablemente a este último pues don Juan tiene respecto a él mayor familiaridad y resentimiento.

67 "Perfumando una habitación con olor a encierro": la rudimentaria higiene de la época hacía recomendable un tratamiento de este tipo para disimular los malos olores.

todos los modos.[68] ¿Os tengo a los dos seguro, vais a ayudarme?

Conrado:
Hasta la muerte, mi señor.

Don Juan:
Vayamos a la gran cena; el entusiasmo de ellos se agranda porque estoy sojuzgado. ¡Ojalá el cocinero fuese de mi pensar![69] ¿Vamos a poner a prueba lo que hay que hacer?

Boracho:
Asistiremos a vuestra señoría.

(*Salen.*)

---

[68] "Hacerle la cruz": *cross him*, "salirle al cruce, entorpecerle el camino", pero también jugando aquí con la idea de "hacer la señal de la cruz, bendecir".
[69] Entonces los envenenaría a todos.

ACTO II

ESCENA I

(*Entran Lionato, su hermano* [Antonio], *su hija Hero y su sobrina Beatriz.*)[70]

Lionato:
¿No estuvo el conde Juan aquí en la cena?

Antonio:[71]
Yo no lo vi.

---

[70] Las ediciones en cuarto y en folio incluyen también aquí a la esposa de Lionato (ver nota a la acotación inicial de la obra) y a un pariente (*kinsman*, ¿el sobrino de la segunda escena del acto anterior?), que no tienen luego ningún papel asignado en la acción y por lo tanto son usualmente suprimidos. N. Rowe agrega también aquí a Margarita y Úrsula, a quienes las ediciones originales no dan entrada pero asignan luego parlamentos; S. Wells propone darles entrada más adelante, donde lo hace la traducción, puesto que hasta ese momento no tienen papel asignado, y además porque de lo contrario no tendría mucho sentido la forma en que Úrsula reconocerá luego a Antonio enmascarado, a saber, no por el vestido que éste no habrá tenido tiempo de cambiarse (aunque quizá podría cubrírselo con una túnica).

[71] Aquí y en sus dos próximos parlamentos Identificado como "hermano" en las ediciones en cuarto y en folio.

Beatriz:
¡Qué agrio parece ese caballero! Jamás puedo verlo sin sentir acidez una hora más tarde.

Hero:
Es de temperamento muy melancólico.

Beatriz:
Sería un hombre excelente el que estuviera hecho justo a mitad de camino entre él y Benedicto: uno es demasiado semejante a una efigie y no dice nada, el otro demasiado semejante al hijo mayor de mi señora, siempre charlatán.[72]

Lionato:
Entonces la mitad de la lengua del *signior* Benedicto en la boca del conde Juan, y la mitad de la melancolía del conde Juan en el rostro del *signior* Benedicto...

Beatriz:
Con una buena pierna y un buen pie, tío, y dinero suficiente en la bolsa, un hombre así conquistaría a cualquier mujer del mundo, si fuera capaz de conseguir su buena voluntad.[73]

---

[72] "Hijo mayor de mi señora": no en sentido literal, sino en el de "consentido".

[73] "Buena pierna" (*good leg*): pierna (*leg*) físicamente bella, y elegancia para hacer una reverencia (*leg*). "Pie" (*foot*): como doble sentido, eufemismo por "falo", como en "la cabeza y el vello de las piernas" (en inglés *feet*, "pies"), *Isaías*, VII.20. "Bolsa": con el doble sentido de "escroto" (bolsa de los testículos).

Lionato:
Por mi honor, sobrina, que nunca vas a conseguirte marido, si eres tan sagaz de lengua.

Antonio:
A fe, es demasiado maldita.[74]

Beatriz:
Demasiado maldita es más que maldita; de ese modo he de reducir los dones de Dios, pues se dice que "a la vaca maldita Dios le da cuernos cortos", pero a una vaca demasiado maldita no le da ninguno.[75]

Lionato:
Entonces, por ser demasiado maldita, Dios no os dará nada de cuernos.

Beatriz:
Exacto, si no me da marido, bendición por la cual me pongo ante él de rodillas todas las mañanas y todas las noches. Señor, no podría soportar a un marido con barba en el rostro; preferiría acostarme en la lana.[76]

Lionato:
Podríais posar vuestra mirada en un marido sin barba.

---

[74] "Maldita" (*curst*): "maldito: perverso..." (DRAE, 2).
[75] "A la vaca maldita...": "Dios limita el poder de los viciosos para infligir daño" (proverbio). "Cuernos cortos": con el doble sentido de "falos cortos", esto es, un marido sexualmente insatisfactorio.
[76] "En la lana": *in the woollen*, literalmente "en lo lanudo"; probablemente sin sábanas, en contacto directo con las mantas de lana.

Beatriz:
¿Qué haría con él? ¿Vestirlo con mis atavíos y hacerlo mi camarera? El que tiene barba es más que joven, y el que no tiene barba es menos que hombre; y el que es más que joven no es para mí, y el que es menos que hombre, yo no soy para él. Por lo tanto, voy incluso a recibir seis peniques como adelanto del cuidador de osos y conducirle los monos al infierno.[77]

Lionato:
Bien, ¿vais pues al infierno?

Beatriz:
No, sólo hasta la puerta, y allí va a presentárseme el diablo como un viejo cornudo, y dirá: "Marchaos al cielo, Beatriz, marchaos al cielo, aquí no hay lugar para vosotras las vírgenes". Entonces yo entrego mis monos, y de allí hacia San Pedro; por el cielo, él me muestra dónde se sientan los solteros, y allá vivimos nosotros tan contentos como largo es el día.[78]

---

[77] "Cuidador de osos": *bearward* o *bearherd* (escrito *berrord*), en su origen cuidador de los osos destinados a un entretenimiento popular en la época (osos atados acosados por perros), luego extendido a cuidadores de otros animales, como se advierte en este caso. "Conducir... monos al infierno": destino proverbial de las solteronas.

[78] "Hacia San Pedro; por el cielo, ...": según la puntuación de las ediciones en cuarto y en folio, donde "por el cielo" (*for the heavens*) podría tener tanto un sentido locativo como uno expletivo ("¡por el cielo!"); A. Pope enmienda la puntuación de modo que el sentido pasaría a ser "hacia San Pedro para el cielo; ...".

Antonio:

[*A Hero.*]

Bien, sobrina, confío en que vos os dejaréis gobernar por vuestro padre.

Beatriz:
Sí, a fe, es deber de mi prima hacer una reverencia y decir: "Padre, como a vos os plazca". Pero aun con todo eso, prima, que sea un tipo apuesto, o de lo contrario haced otra reverencia y decid: "Padre, como me plazca a mí".

Lionato:
Bueno, sobrina, espero veros un día encajar con un marido.[79]

Beatriz:
No hasta que Dios haga hombres de algún otro metal que tierra.[80] ¿No afligiría a una mujer el ser dominada por un montoncillo de polvo valiente, rendir cuentas de su vida a un terrón de arcilla caprichosa?[81] No, tío, no quiero ninguno; los hijos de Adán son mis hermanos, y la verdad es que tengo por pecado unirme dentro de mi familia.

---

[79] "Encajar": *fitted with*, "provista de" y "acoplada con", como dos piezas que se acoplan perfectamente entre sí y con doble sentido sexual.

[80] "Metal" (*metal*): material.

[81] Implícitamente Beatriz declara la superioridad de Eva sobre Adán, por haber sido éste creado a partir de tierra, mientras que ella a partir de una costilla de él.

Lionato:
Hija, recordad lo que os dije: si el príncipe os solicita de esa suerte, ya sabéis vuestra respuesta.

Beatriz:
La falla va a estar en la música, prima, si no os cortejan en buen tiempo: si el príncipe es demasiado inoportuno, decidle que hay medida en cada cosa y bailad la respuesta.[82] Pues oídme, Hero: cortejar, casarse y arrepentirse son como una giga escocesa, una pavana y una gallarda; el primer galanteo es ardiente y apresurado, como una giga escocesa, y nada falto de fantasía; el casamiento, modosamente modesto, como una pavana, todo majestuosidad y ancestralidad; y luego viene el arrepentimiento y, con sus malas piernas, cae en la gallarda con gallardía veloz y más veloz, hasta hundirse en la tumba.[83]

Lionato:
Parienta, vos comprendéis más que sagazmente.

---

[82] "Buen tiempo... inoportuno... medida" (*good time... important* –esto es, *importunate*–... *measure*): jugando con la idea de tiempo en sus sentidos literal y musical.

[83] "Pavana": *measure*, literalmente "medida", una danza majestuosa, grave y seria al igual que la pavana. "Gallarda": *cinquepace*, del francés *cinq pas*, "cinco pasos", danza que el OED identifica con la francesa *galliarde*, "gallarda". "Con gallardía veloz y más veloz": *faster and faster*, literalmente "más rápido y más rápido", pero jugando con *cinquepace* ("gallarda"), que se pronuncia como *sink apace*, "hundirse aprisa". La traducción remeda en esta larga frase paralelismos y aliteraciones del original.

Beatriz:
Tengo buen ojo, tío; puedo ver una iglesia a la luz del día.

Lionato:
Están entrando los festejantes, hermano; haced lugar.[84]

[*Sale Antonio.*]

(*Entran el príncipe* [*don*] *Pedro, Claudio, Benedicto y Baltasar, enmascarados, con un tambor, don Juan*[, *Boracho, Margarita, Úrsula, Antonio enmascarado y otros. Comienza el baile.*])[85]

Don Pedro:
Señorita, ¿queréis dar unos pasos con vuestro amigo?[86]

---

[84] "Haced lugar" (*make good room*): puesto que Antonio ha de aparecer enseguida enmascarado, ésta podría ser una indicación de que se retirase a tal fin, y/o de que organizase la apertura de espacio para los "festejantes" (*revellers*).

[85] Muy debatida ha sido esta acotación, entre otras cosas porque no incluye a personajes que han de estar luego, como Boracho; "enmascarados, con un tambor (esto es, 'uno que toca el tambor', DRAE, 2)" es un agregado de la edición en folio, que deja antes a don Juan, aunque resulta improbable que éste se presente enmascarado. En estos bailes de máscaras, habituales ya en tiempos de la reina Isabel y luego elevados en formalidad en tiempos del rey Jacobo, los enmascarados solían ser los huéspedes (varones además), como en *Romeo y Julieta*, lo cual vuelve aquí algo extraño el caso de Antonio.

[86] Probablemente invitación a una danza lenta como la pavana.

Hero:
Si dais pasos con suavidad, y miráis con dulzura, y no decís nada, soy vuestra para los pasos, y especialmente cuando doy un paso al costado.[87]

Don Pedro:
¿Conmigo en vuestra compañía?

Hero:
Puedo llegar a decir eso, cuando me plazca.

Don Pedro:
¿Y cuándo os placerá decirlo?

Hero:
Cuando me guste vuestro semblante, ¡pues Dios prohiba que el laúd sea como el estuche![88]

Don Pedro:
Techo de Filemón es mi careta; Jove está en el interior.

Hero:
Pues debiera tener techo de paja.

---

[87] "Cuando doy un paso al costado" (*when I walk away*): seguramente un paso hacia fuera que corresponde dar a la pareja en ese momento de la danza, aunque con doble sentido referido a la situación.

[88] Esto es, "que la cara sea como la máscara", lo cual da indicio de que la máscara de don Pedro no luce particularmente apuesta.

Don Pedro:
>Bajo hablad, si habláis de amor.[89]

[*Continúan bailando.*]

[Baltasar:][90]
Bueno, querría gustaros.

Margarita:
No lo querría yo, por vuestro propio bien, pues tengo muchas malas cualidades.

[Baltasar:]
¿Cuál es una?

Margarita:
Digo mis rezos en voz alta.[91]

[Baltasar:]
Os amo más; quienes oigan pueden gritar amén.

---

[89] Los dioses romanos Júpiter ("Jove") y Mercurio, bajo forma humana, tras no ser acogidos en muchas casas, lo fueron en la de Filemón y Baucis, pobre y con techo de paja; la leyenda está narrada en Ovidio, *Metamorfosis*, VIII, y esta alusión de Shakespeare está compuesta en un pareado rimado con el mismo metro que el empleado por A. Golding en su traducción inglesa (1567) de esa obra latina.

[90] Aquí y en sus dos próximos parlamentos, enmienda de L. Theobald; en las ediciones en cuarto y en folio, *Bene.*, "Benedicto"; no es improbable que Shakespeare haya comenzado incluyendo en este diálogo a Benedicto, y luego decidido cambiarlo sin volver atrás para corregir en una revisión final.

[91] Práctica usual en los reformistas entusiastas.

Margarita:
¡Dios me una con un buen bailarín!

Baltasar:
Amén.

Margarita:
¡Y Dios lo conserve fuera de mi vista cuando la danza termine! Responded, clérigo.[92]

Baltasar:
Basta de palabras; el clérigo se da por respondido.

[*Continúan bailando.*]

Úrsula:
Os conozco muy bien, sois el *signior* Antonio.

Antonio:
En una palabra, no.

Úrsula:
Os conozco por el tembleque0 de vuestra cabeza.

Antonio:
A decir verdad, finjo ser él.

Úrsula:
Jamás podríais hacerlo mal tan bien si no fuerais él

---

[92] El clérigo (*clerk*) de la parroquia guiaba las respuestas en los servicios de la Iglesia Anglicana.

mismo. Aquí está su mano reseca de arriba a abajo: sois él, sois él.93

Antonio:
En una palabra, no.

Úrsula:
Vamos, vamos, ¿pensáis que no os conozco por la excelencia de vuestro ingenio? ¿Puede ocultarse la virtud? Al grano, callad, sois él: las gracias van a aparecer, y aquí se termina.

[*Continúan bailando.*]

Beatriz:
¿No vais a decirme quién os dijo eso?

Benedicto:
No, habréis de perdonarme.

Beatriz:
¿Ni vais a decirme quién sois?

Benedicto:
No por ahora.

Beatriz:
Que yo era desdeñosa, y que saqué mi buen ingenio de los *Cien cuentos alegres*, bueno, eso fue el *signior* Benedicto quien lo dijo.94

---

93 "Mano reseca": indicio de edad avanzada.
94 "*Cien cuentos alegres*": compilación de chistes bastante llanos, muy popular desde su publicación en 1526.

Benedicto:
¿Quién es ése?

Beatriz:
Estoy segura de que lo conocéis muy bien.

Benedicto:
No, creedme.

Beatriz:
¿Nunca os hizo reír?

Benedicto:
Por favor, ¿quién es él?

Beatriz:
Caramba, él es el bromista del príncipe, un bufón muy soso; su único don está en idear calumnias imposibles. Nadie se deleita con él salvo los libertinos, y lo que encomian no es su ingenio, sino su villanía; pues al mismo tiempo place a hombres y los enoja, y entonces se ríen de él y lo golpean.[95] Estoy segura de que se halla en esta flota; querría que me hubiese abordado.

Benedicto:
Cuando conozca al caballero, le contaré lo que decís.

---

[95] "Libertinos": *libertines*, en su sentido más general de "irresponsables", no en el hoy más usual de "lascivos desenfrenados". "Villanía" (*villany*): grosería. "Place... enoja... se ríen... lo golpean": place a unos y enoja a los que son objeto de la mofa; aquéllos se ríen y éstos lo golpean.

Beatriz:
Hacedlo, hacedlo; él va a romper lanzas con una o dos comparaciones respecto a mí, y si eso por ventura no capta atención y causa risa, lo abate en la melancolía, y entonces hay un ala más de perdiz, pues el bufón no va a cenar nada esa noche.[96] Tenemos que seguir a los que conducen.[97]

Benedicto:
En todo lo bueno.

Beatriz:
No, si nos conducen a algo malo, los dejo en la próxima vuelta.

(*Baile. Salen* [*todos menos don Juan, Boracho y Claudio*].)

Don Juan:
Seguro que mi hermano está amoroso con Hero y ha apartado al padre para encarar con él el tema.[98] Las damas van tras ella, y no queda más que una careta.

---

[96] "Romper lanzas con una o dos comparaciones": literalmente "romper una o dos comparaciones", como "rompen lanzas" los participantes de una justa. "Un ala... de perdiz": bocado exquisito, pero jocosamente escaso.

[97] Los que conducen la danza.

[98] "Amoroso con": *amorous on*, "enamorado de" o "cariñoso con"; si el sentido fuera el primero, para el cual don Juan emplea enseguida *enamoured on*, "enamorado de", esto podría ser dicho en voz alta para los oídos de Claudio, pues quien habla, a menos que como observador se haya engañado por apariencias, sabe bien por Boracho desde la escena anterior que el príncipe corteja para el otro y no para sí mismo; tal

Boracho:
Y ése es Claudio, lo conozco por el porte.

Don Juan:
¿Vos no sois el *signior* Benedicto?

Claudio:
Me conocéis bien, él soy.

Don Juan:
Signior, vos estáis muy cerca de mi hermano en el afecto. Él está enamorado de Hero; os ruego que lo disuadáis respecto a ella, no es su igual por nacimiento. Podéis hacer en eso el papel de un hombre honesto.

Claudio:
¿Cómo sabéis que él la ama?

Don Juan:
Lo oí jurarle amor.

Boracho:
Yo también, y juró que se casaría con ella esta noche.

---

pretación obliga además a suponer que don Juan reconoce al enmascarado antes de que a continuación se lo anuncie Boracho, y que Claudio se halla a muy corta distancia, lo cual no se condice muy bien con las siguientes palabras de don Juan y de su compinche; tantas contras dan a pensar, pues, que el sentido más apropiado es el segundo.

Don Juan:
Venid, pasemos al banquete.[99]

(Salen don Juan y Boracho.)

Claudio:
Así respondo en nombre de Benedicto yo,
Pero oigo malas nuevas con oídos de Claudio.
No hay duda alguna, el príncipe corteja para sí.
La amistad es constante para toda otra cosa
Excepto en los oficios y asuntos del amor.[100]
Los corazones que aman, por tanto, usen sus
  [lenguas;
Que cada ojo negocie por sí mismo y jamás
Se fíe de un agente; pues la belleza es bruja
Cuyo hechizo disuelve la lealtad en sangre.[101]
Éste es un incidente que cada hora comprueba,
Y yo no desconfié. Por lo tanto, ¡adiós, Hero!

(Entra [de nuevo] Benedicto.)

Benedicto:
¿Conde Claudio?

---

[99] "Banquete" (*banquet*): frutas, dulces y vinos servidos usualmente luego de la cena en otra sala.

[100] Expresión proverbial. Claudio, joven precipitado e inexperto en amores, se cree demasiado fácilmente la mentira de don Juan, anticipo del engaño más grave, y central para la acción, que sufrirá aquél luego; con todo, es exculpado parcialmente por la compañía en el error ambas veces, ésta por la de Benedicto, que enseguida entrará engañado en igual sentido, en su caso por apariencias, y la otra vez por la de don Pedro.

[101] "Sangre" (*blood*): llamado o impulsos de la sangre, pasión, deseo.

Claudio:
Ajá, el mismo.

Benedicto:
Vamos, ¿queréis venir conmigo?

Claudio:
¿Adónde?

Benedicto:
Hasta el sauce más próximo, en torno a vuestro asunto, condecito. ¿A qué moda queréis poneros la guirnalda?[102] ¿En torno al cuello, como cadena de usurero, o bajo el brazo, como fajín de teniente?[103] Debéis ponérosla de alguna forma, pues el príncipe se ha ganado a vuestra Hero.

Claudio:
Le deseo gozo con ella.

Benedicto:
Caramba, eso es hablar como un honesto intermediario de ganado: así venden bueyes. Pero, ¿pensabais que el príncipe iba a trataros de este modo?

---

[102] "Sauce... guirnalda": la guirnalda de sauce era emblema de amante abandonado o no correspondido, como en la canción de Desdémona en *Otelo*, IV.iii ("Cantad que un sauce verde debe ser mi guirnalda").
[103] "Cadena de usurero": cadenas de oro que lucían los hombres de alto rango o los de gran riqueza a imitación de aquéllos. "Fajín de teniente": insignia de teniente que consistía en una banda en diagonal por sobre el hombro izquierdo y bajo el brazo derecho. La guirnalda se llevaba habitualmente a modo de corona.

Claudio:
Os ruego que me dejéis.

Benedicto:
¡Eh, ahora golpeáis como el ciego! Fue el muchacho el que os robó la carne, y vos vais a golpear el poste.[104]

Claudio:
Si no puede ser, os dejaré yo.

(Sale.)

Benedicto:
Ay, pobre pájaro herido, ahora irá arrastrándose hasta los juncos. ¡Pero que mi señorita Beatriz me conozca, y no me conozca![105] ¡El bufón del príncipe! Ja, puede ser que me vaya ese título porque soy alegre. Ajá, pero así tiendo a agraviarme. Yo no tengo esa reputación; es el carácter bajo, aunque amargado, de

---

[104] Probable alusión al *Lazarillo de Tormes* o a algún relato similar; en la parte final del "Tratado primero" de ese anónimo español, publicado en traducción inglesa en 1586 con gran acogida de los lectores, el lazarillo cuenta cómo, tras robarle una longaniza al ciego y ser aporreado por enésima vez, decide dejarlo, y a modo de despedida lo hace estrellarse contra un poste. "Carne": *meat*, que entonces tenía también el sentido general de "comida", pero cuyo sentido hoy habitual permite por añadidura aludir procazmente a Hero.

[105] "Me conozca, y no me conozca": "me conozca y sin embargo tenga de mí una idea tan equivocada", o, menos plausiblemente, "me reconozca y finja que no".

Beatriz, que pone el mundo en su persona y me pregona así.[106] Bien, voy a vengarme como pueda.

(*Entra* [*de nuevo*] *el príncipe* [*don Pedro*].)[107]

Don Pedro:
Y ahora, *signior*, ¿dónde está el conde? ¿Lo visteis?

Benedicto:
Palabra, mi señor, que he representado el papel de la señorita Fama.[108] Lo encontré aquí tan melancólico como la casilla del guarda en un coto de caza. Le dije, y creo haberle dicho la verdad, que Vuestra Gracia se había ganado la buena voluntad de esta joven señorita, y le ofrecí acompañarlo hasta un sauce, ya fuese para hacerle una guirnalda, por haber sido abandonado, o bien para liarle unas varillas, por ser digno de azotes.

Don Pedro:
¿De azotes? ¿Cuál fue su falta?

---

[106] "Aunque amargado": acaso por maltratos que él le ha infligido antes, según ella recordará poco más adelante frente al príncipe.

[107] A diferencia de la edición en folio, la edición en cuarto da aquí también entrada a Hero, Lionato, don Juan, Boracho y Conrado; E. Capell mantiene a Hero y Lionato, porque Benedicto dirá enseguida "esta joven señorita", pero en tal caso ambos deberían mantenerse a distancia para no oír la conversación que sigue.

[108] "Fama" (*Fame*): el rumor personificado, como en Virgilio, *Eneida*, IV.173-90.

Benedicto:
La franca transgresión de un escolar, que, demasiado gozoso por el hallazgo de un nido de pajarillos, se lo muestra a su compañero, y él se lo roba.[109]

Don Pedro:
¿Vas a hacer de un trato de confianza una transgresión?[110] La transgresión está en el que roba.

Benedicto:
Sin embargo, no habría estado mal hacer las varillas, y la guirnalda también; pues la guirnalda podría habérsela puesto él, y las varillas podría habéroslas otorgado a vos, que, según entiendo, le habéis robado el nido de pajarillos.

Don Pedro:
Yo sólo voy a enseñarles a cantar y voy a devolvérselos al dueño.

Benedicto:
Si su canto responde a vuestros dichos, por mi fe que decís honestamente.

Don Pedro:
La señorita Beatriz tiene una querella contra vos: el caballero que bailó con ella le dijo que la agraviáis mucho.

---

[109] El hábito de azotar con varas a escolares por sus faltas se mantuvo en Inglaterra hasta bien avanzado el siglo XX.
[110] "Trato de confianza... transgresión". remedo de la aliteración *trust... transgression*.

Benedicto:
¡Ah, ella me ha maltratado más de lo que soportaría un tronco![111] Hasta un roble con una sola hoja verde le habría contestado. Mi mismísima careta empezó a cobrar vida y a regañar con ella. Ella me dijo, pensando que yo no era yo, que yo era el bromista del príncipe, que yo era más aburrido que un gran deshielo, en un amontonamiento de broma sobre broma con un alcance tan imposible, que yo estaba parado como el hombre del blanco, con un ejército entero disparándome.[112] Ella habla cuchillos, y cada palabra apuñala; si su aliento fuera tan terrible como sus términos, no habría nada vivo cerca de ella; infectaría hasta la estrella polar.[113] Yo no me casaría con ella ni aunque la dote fuera todo lo que dejó Adán antes de transgredir. Ella a Hércules le habría hecho girar el asador, sí, y partir la maza para hacer el fuego también.[114] Vamos, no habléis de ella, habréis de hallar

---

[111] "Tronco" (*block*): "tallo de los árboles" y "persona insensible, inútil y despreciable" (DRAE, 3 y 8).

[112] "Más aburrido que un gran deshielo": el deshielo en la Inglaterra de Shakespeare anegaba de tal modo los caminos que impedía a la gente salir de casa. "Alcance" (*conveyance*): como si se tratara de la destreza para disparar flechas a distancia. "Hombre del blanco": el que, en el tiro con arco a distancia, se paraba a un costado del blanco para informar el lugar exacto donde había dado la flecha.

[113] "Terrible... términos" reproduce la aliteración *terrible... terminations*.

[114] Mientras Heracles (Hércules según la forma latina) era esclavo en la corte de la reina Ónfale para expiar un crimen, ésta, enamorada de él, le daba a vestir ropas de mujer y lo tenía hilando a sus pies, mientras ella se ponía la piel de león y blandía la maza del héroe (leyenda a la que se refiere Ovidio en *Heroidas*, IX.55 ss.); Beatriz habría hecho algo peor, pues girar el asador era la más baja de las tareas culinarias, y usar como leña la maza, atributo de Heracles, habría sido "des-sexuarlo".

que es la infernal Ate con buenos atavíos.[115] Dios quisiera que algún erudito la conjurase, pues por cierto, mientras ella esté aquí, un hombre puede vivir tan tranquilo en el infierno como en un santuario, y la gente peca a propósito, porque querría ir allí; así en efecto toda intranquilidad, todo horror y perturbación la siguen.[116]

(*Entran Claudio, Beatriz, Hero y Lionato.*)[117]

Don Pedro:
Mirad, aquí viene ella.

Benedicto:
¿Quiere Vuestra Gracia encomendarme cualquier servicio en el fin del mundo? Iré por el más ínfimo recado a los antípodas que podáis idear ahora para enviarme; iré a buscaros un mondadientes en la más lejana pulgada de Asia, a traeros la medida del pie del preste Juan, a buscaros un pelo de la barba del gran Kan, a haceros cualquier embajada ante los pigmeos,

---

[115] "Ate": en la mitología griega, personificación divina del Error, que engañó al propio Zeus y fue expulsada por él del Olimpo; Shakespeare la toma también como una suerte de diosa infernal de la discordia en *Julio César*, III.i, y así aparece, igualmente "con buenos atavíos", en E. Spenser, *La reina de las hadas*, IV.I.xvii.

[116] "Erudito": porque los exorcismos se hacían en latín. "La conjurase": a la inversa de lo habitual, no para que venga del infierno sino para que se dirija allí.

[117] Acotación según la edición en folio; la edición en cuarto, como está anotado más arriba, hacía entrar antes a Hero y Lionato; si entran aquí, podrían de todas maneras hacerlo por separado de los otros dos.

antes que mantener una conferencia de tres palabras con esta arpía.[118] ¿No tenéis ningún empleo para mí?

Don Pedro:
Ninguno, salvo desear vuestra buena compañía.

Benedicto:
Oh Dios, señor, aquí hay un plato que no me gusta; no puedo digerir a mi señorita Lengua.

(*Sale.*)

Don Pedro:
Vamos, señorita, vamos, habéis perdido el corazón del *signior* Benedicto.

Beatriz:
En verdad, mi señor, él me lo prestó por un rato, y yo le di un interés usurario a cambio, un corazón doble por el suyo solo; pardiez, ya una vez antes él me lo ganó con dados falsos, por lo tanto Vuestra Gracia bien puede decir que lo he perdido.[119]

---

[118] "Mondadientes": signo de afectación, relacionado con viajeros en *La vida del rey Juan*, I.i. "Preste Juan": legendario rey cristiano del Medioevo, con ricos y vastos dominios en Asia central; según afirma Marco Polo en su libro de viajes, murió en batalla contra el Gengis Kan. "El gran Kan": Kublai Kan, emperador mogol que acogió en sus dominios a Marco Polo, según cuenta éste. "Pigmeos": encuentros con tales hombres diminutos eran frecuentes en libros de viajes medievales. "Arpía": en la mitología grecolatina, las Harpías (en griego "Raptoras") o Arpías eran aves rapaces con cabeza de mujer que, en su leyenda más famosa, arrebataban la comida o la ensuciaban con sus excrementos.

[119] "Solo": *single*, "simple, sencillo" y "solo, solitario, soltero". "Ya

Don Pedro:
Lo habéis dejado tendido, señorita, lo habéis dejado tendido.[120]

Beatriz:
Eso no querría yo que me hiciera él, mi señor, por temor a resultar madre de bufones.[121] He traído al conde Claudio, a quien me enviasteis a buscar.

Don Pedro:
Caramba, ¿qué tal, conde? ¿Por qué estáis adusto?

Claudio:
Adusto no, mi señor.

Don Pedro:
¿Entonces qué? ¿Enfermo?

Claudio:
Tampoco, mi señor.

Beatriz:
El conde no está adusto, ni enfermo, ni alegre, ni

---

una vez antes": *once before*; aunque la expresión es algo confusa, seguramente remite a "una vez antes de ahora", o sea a la ocasión a que acaba de referirse Beatriz, y no a otra anterior a ésa. Beatriz parece sugerir que cierta vez Benedicto le declaró amor, ella lo correspondió con creces y él resultó falso; la evidencia más explícita, aunque no por eso muy clara, de que ha habido antes algo entre ambos.

[120] "Dejado tendido": *put... down*, "vencido", pero a continuación tomado por Beatriz en el sentido de "acostado".

[121] Si el "bufón" Benedicto la "acostara", ella tendría hijos "bufones".

bien, sino cortés como un conde de Sevilla, de Sevilla como una naranja, y con algo de su celosa tez.[122]

Don Pedro:
A fe, señorita, creo que vuestro blasón es verdadero, aunque juro que, si él está así, su concepto es falso.[123] Aquí, Claudio, he cortejado en tu nombre, y la bella Hero está conquistada. Lo he encarado con el padre, y obtenido su buena voluntad. Designa el día de la boda, y ¡Dios te dé gozo!

Lionato:
Conde, tomad de mí a mi hija, y con ella mi fortuna; Su Gracia ha hecho la unión, y toda la gracia diga a eso amén.[124]

Beatriz:
Hablad, conde, es vuestro pie.[125]

Claudio:
El silencio es el más perfecto heraldo del gozo; estaría yo tan sólo un poco feliz, si pudiera decir cuánto.

---

[122] Juego de palabras con *civil*, "cortés, educado", y homófona de *Seville*, "(de) Sevilla"; el mismo juego de palabras está atestiguado antes en T. Nashe, *Extrañas noticias* (1592). "Celosa tez": por el amarillo, color de los celos.
[123] "Blasón" (*blazon*): "arte de explicar y describir los escudos de armas..." (DRAE, 1), de donde, aquí, con el sentido figurado de "descripción".
[124] "Toda la gracia": de Dios.
[125] "Pie" (*cue*): "palabra con que termina lo que dice un personaje en una representación dramática, cada vez que a otro le toca hablar" (DRAE, 14).

Señorita, tal como vos sois mía, yo soy vuestro; me entrego a vos, y estoy chocheando por el trueque.

Beatriz:
Hablad, prima, o, si no podéis, cerradle la boca con un beso y no lo dejéis hablar a él tampoco.

Don Pedro:
A fe, señorita, que tenéis un corazón alegre.

Beatriz:
Sí, mi señor, se lo agradezco, pobre bufón, se mantiene del lado del viento respecto a la inquietud.[126] Mi prima está diciéndole al oído que lo tiene en el corazón.

Claudio:
Así es, prima.

Beatriz:
¡Buen Señor, por alianza![127] Así van todos por el mundo menos yo, y yo estoy quemada por el sol; puedo sentarme en un rincón y gritar: "¡Ay ay, un marido!"[128]

---

[126] "Del lado del viento" (*on the windy side*): y por lo tanto la inquietud no interpone su (mal) olor en el aire que ella huele, si se trata de una metáfora de cacería, o bien, si se trata de una metáfora náutica, ella está a barlovento de la inquietud y recibe directamente el viento para navegar sin que ésta se interponga.

[127] "Por alianza" (*for alliance*): esto es, serán "primos" por la alianza matrimonial.

[128] "Así van todos por el mundo": casándose, la opción a lo cual sería retirarse del mundo en un convento o monasterio. "Quemada por el sol" (*sunburnt*): la tez blanca era el ideal de belleza y el tostado solar in-

Don Pedro:
Señorita Beatriz, yo voy a conseguiros uno.

Beatriz:
Preferiría tener uno engendrado por vuestro padre. ¿No tiene Vuestra Gracia uno semejante a vos?[129] Vuestro padre engendró excelentes maridos, si una doncella pudiera hacerse de ellos.

Don Pedro:
¿Queréis tenerme a mí, señorita?

Beatriz:
No, mi señor, a menos que pueda tener otro para los días laborables: Vuestra Gracia es demasiado costoso para ponérselo todos los días. Pero suplico a Vuestra Gracia que me perdone, he nacido para hablar todo alegre y nada grave.[130]

Don Pedro:
Vuestro silencio es lo que más me ofende, y estar alegre es lo que mejor os sienta, pues, fuera de toda duda, vos nacisteis en una hora alegre.

---

dicio de pertenencia a la clase baja, que trabajaba al aire libre; sólo con el surgimiento de las grandes fábricas y las labores oficinescas la exposición al sol pasaría a ser indicio de riqueza. "Ay ay, un marido": *heigh-ho for a husband*, expresión proverbial y título de una balada.

[129] ¿Ignora este chiste que don Juan es hermano de don Pedro?

[130] La aliteración en "alegre... grave" recrea la del original en *mirth... matter*.

Beatriz:
Seguro que no, mi señor, mi madre gritaba; pero hubo entonces una estrella que bailaba, y bajo ella nací.[131] ¡Primos, Dios os dé gozo!

Lionato:
Sobrina, ¿queréis fijaros en esas cosas que os dije?

Beatriz:
Imploro vuestra clemencia, tío. Con el perdón de Vuestra Gracia.[132]

(Sale.)

Don Pedro:
Por mi honor, qué señorita de espíritu más agradable.

Lionato:
Hay poco del elemento melancólico en ella, mi señor; nunca luce adusta sino cuando duerme, y ni siquiera siempre adusta entonces, pues he oído a mi hija decir que ella ha soñado con desdichas y se ha despertado con risas.[133]

---

[131] Ecos de la antigua creencia en que el sol bailaba el Domingo de Resurrección.

[132] Pedido de disculpas al tío por estar descuidando su encargo (y/o por haberlo incomodado con el último chiste a don Pedro, lo que lleva a Lionato a acudir a esta semiexcusa para que ella se retire) y de permiso para retirarse al príncipe.

[133] "Elemento melancólico": se creía que el temperamento dependía de la mezcla de cuatro humores corporales, a saber, sangre, flema, cólera y melancolía, que correspondían respectivamente a los cuatro elementos, aire, agua, fuego y tierra.

Don Pedro:
No puede soportar que le hablen de marido.

Lionato:
Ah, de ningún modo, con sus burlas hace que todos los cortejantes desistan de la petición.[134]

Don Pedro:
Sería una excelente esposa para Benedicto.

Lionato:
Oh Señor, mi señor, si estuvieran casados tan sólo una semana, hablarían hasta enloquecerse.

Don Pedro:
Conde Claudio, ¿cuándo pretendéis ir a la iglesia?

Claudio:
Mañana, mi señor: el tiempo marcha con muletas hasta que el amor tiene todos sus ritos.

Lionato:
No hasta el lunes, mi caro hijo, que es de aquí a sólo siete noches, y un tiempo breve por demás, además, para tener todo como responda a mi intención.

Don Pedro:
Vamos, sacudís la cabeza por tan largo suspiro; pero te garantizo, Claudio, que el tiempo no pasará te-

---

[134] Juego de palabras con *suit*, "petición" matrimonial y legal, y acaso también con su sentido de "traje".

diosamente para nosotros.¹³⁵ Quiero en el ínterin emprender uno de los trabajos de Hércules, que es introducir al *signior* Benedicto y a la señorita Beatriz en una montaña de afecto mutuo.¹³⁶ De buena gana los uniría, y no tengo ninguna duda de que he de modelarlo, si vosotros tres suministráis nada más que tal asistencia como he de indicaros.

Lionato:
Mi señor, estoy con vos, aunque me cueste una vigilia de diez noches.

Claudio:
Y yo, mi señor.

Don Pedro:
¿Y vos también, gentil Hero?

Hero:
Desempeñaré cualquier oficio modesto, mi señor, que ayude a mi prima a obtener un buen marido.

Don Pedro:
Y Benedicto no es el marido más desesperanzador que yo conozco. Hasta este punto puedo elogiarlo: es de buena vena, de probado valor y de confirmada honestidad.¹³⁷ Voy a enseñaros cómo seguir el hu-

---

¹³⁵ "Suspiro": *breathing*, "(intervalo de) respiración".
¹³⁶ "Trabajos de Hércules": los célebres doce trabajos, de tal magnitud que sólo un héroe (semidiós) como Hércules podía llevar a cabo con éxito.
¹³⁷ "Vena" (*strain*): "humor, disposición variable del ánimo" (DRAE, 11) y/o "sangre, linaje".

mor de vuestra prima, de tal modo que ha de enamorarse de Benedicto; y yo, con vuestras dos ayudas, voy a ejercitarme con Benedicto de tal modo que, a despecho de su ingenio vivaz y su estómago nauseoso, ha de enamorarse de Beatriz.[138] Si podemos lograrlo, Cupido ya no es arquero; su gloria ha de ser nuestra, pues nosotros somos los únicos dioses del amor. Entrad conmigo y os contaré mi propósito.

(*Salen.*)

---

[138] "Estómago nauseoso" (*queasy stomach*): temperamento que se fastidia fácilmente.

ESCENA II

(*Entran* [*don*] *Juan y Boracho.*)

Don Juan:
Es así, el conde Claudio ha de casarse con la hija de Lionato.

Boracho:
Ajá, mi señor, pero yo puedo obstaculizarlo.

Don Juan:
Cualquier barrera, cualquier obstáculo, cualquier impedimento va a ser medicinal para mí: estoy enfermo de disgusto con él, y todo lo que se atraviese en su afición corre parejo con la mía. ¿Cómo puedes obstaculizar ese matrimonio?

Boracho:
No honestamente, mi señor, pero tan encubiertamente que ninguna deshonestidad va a aparecer en mí.

Don Juan:
Muéstrame brevemente cómo.

Boracho:
Creo haber contado a vuestra señoría, hace un año, en qué medida gozo del favor de Margarita, la camarera de Hero.

Don Juan:
Me acuerdo.

Boracho:
Puedo citarla para que en cualquier momento intempestivo de la noche se asome por la ventana de la habitación de su señora.

Don Juan:
¿Qué vida hay en eso para que sea la muerte de este casamiento?

Boracho:
El veneno de lo que está en vos templar. Id con vuestro hermano el príncipe, no os ahorréis de contarle que ha agraviado su honor al casar al renombrado Claudio, cuya estimación vos alzaréis poderosamente, con una ramera contaminada, una tal como Hero.

Don Juan:
¿Qué prueba de eso he de dar?

Boracho:
Prueba suficiente para maltratar al príncipe, vejar a Claudio, destruir a Hero y matar a Lionato. ¿Esperáis algún otro resultado?

Don Juan:
Sólo por despecharlos voy a empeñarme en cualquier cosa.

Boracho:
Id, entonces, encontradme una hora adecuada para llevar aparte a don Pedro y al conde Claudio, contadles que vos sabéis que Hero me ama a mí, propo-

ned una suerte de celo por el príncipe y por Claudio —como el amor al honor de vuestro hermano, que ha hecho esta unión, y a la reputación de su amigo, que así parece estar a punto de ser embaucado con la apariencia de una virgen—, por lo que habéis descubierto esto. Ellos difícilmente van a creerlo sin una demostración: ofrecedles ejemplos, que tendrán no menos verosimilitud que verme a mí en la ventana de la habitación de ella, oírme llamar Hero a Margarita, oír a Margarita decirme Claudio,[139] y llevarlos a ver eso la mismísima noche previa a la boda propuesta, pues entretanto yo voy a modelar el asunto de tal manera que Hero ha de estar ausente, y habrá de aparecer algo tan semejante a una verdad sobre la deslealtad de Hero, que los celos han de llamarse seguridad y todos los preparativos han de derrumbarse.

Don Juan:
Llegue esto al resultado adverso que fuere, quiero ponerlo en práctica. Sé astuto, y tus honorarios son mil ducados.

Boracho:
Sed vos constante en la acusación, y mi astucia no ha de avergonzarme.

---

[139] "Claudio": L. Theobald propone enmendar por "Boracho", pues caso contrario podría parecer que Hero también es engañada, en su caso por alguien que se presenta como Claudio; pero A. Dyce ofrece una solución más interesante y que no requiere enmiendas, a saber, que Boracho propondrá a Margarita jugar a que son la pareja por casarse; así Claudio, al escuchar que la supuesta Hero llama por el nombre de él a otro, se sentirá burlado además de traicionado.

Don Juan:
Voy inmediatamente a enterarme de la fecha del casamiento.

(*Salen.*)

ESCENA III

(*Entra Benedicto solo.*)

Benedicto:
¡Muchacho!

[*Entra un muchacho.*]

Muchacho:
¿*Signior*?

Benedicto:
En la ventana de mi habitación hay un libro, tráemelo aquí al huerto.

Muchacho:
Ya estoy aquí, señor.

Benedicto:
Eso lo sé, pero querría que ya hubieses ido y vuelto.[140]

(*Sale* [*el muchacho*].)

Me asombra mucho que un hombre, viendo qué bufón es otro cuando dedica sus conductas al amor,

---

[140] El muchacho, seguramente un paje, da a entender "regreso enseguida", pero Benedicto se divierte tomando sus palabras literalmente. Como no hay ninguna indicación de que el muchacho regrese, en algunas puestas en escena lo hacen sacar el libro del bolsillo para devolver el chiste.

quiera, después de haberse reído de semejantes bufonadas superficiales en otros, convertirse en argumento de su propio ridículo enamorándose; y semejante hombre es Claudio. He conocido cuando no había ninguna música con él salvo el tambor y el pífano, y ahora prefiere oír el tamboril y la flauta.[141] He conocido cuando él habría caminado diez millas a pie para ver una buena armadura, y ahora se pasaría diez noches en vela tallando el modelo de un nuevo jubón.[142] Acostumbraba hablar llano y al grano, como un hombre y soldado honesto, y ahora se ha vuelto ortografía, sus palabras son propiamente un banquete fantástico, no más que muchos platos extraños.[143] ¿Podría yo convertirme así y ver con estos ojos? No sé decirlo, creo que no. No voy a jurar sino que el amor podría transformarme en una ostra, pero voy a hacer voto de que, hasta que haya hecho de mí una ostra, jamás ha de hacer de mí semejante bufón.[144] Una mujer es bella, pero yo estoy bien;[145] otra es sensata, pero yo estoy bien; otra es virtuosa, pero yo estoy bien; sin embargo, hasta que todas las gracias estén en una mujer, una mujer no ha de caerme en gracia. Rica ha de ser, eso seguro; sensata, o no que-

---

[141] Instrumentos de música militar versus instrumentos de música usuales en festividades.

[142] "Tallando" (*carving*): diseñando, acaso en una corteza de árbol, o bien en su imaginación.

[143] "Ortografía" (*orthography*): personificación del estilo refinado por demás, o bien sinécdoque por "ortógrafo", uno que cultiva tal estilo.

[144] "Ostra": probablemente con la idea de "persona callada", que se queda sin palabras como los enamorados.

[145] "Estoy bien": "estoy bien (así como estoy, sin ella)".

rré ninguna; virtuosa, o jamás voy a regatearla; bella, o jamás voy a fijarme en ella; mansa, o que jamás se me acerque; noble, o no lo haré yo ni por un ángel;[146] de buen discurso, una excelente música, y su cabello ha de ser del color que a Dios plazca.[147] ¡Ja, el príncipe y *Monsieur* Amor! Voy a esconderme en la enramada.

(*Entran el príncipe [don Pedro], Lionato, Claudio [y Baltasar con] música.*)

Don Pedro:
Y bien, ¿vamos a oír pues esa música?

Claudio:
Ajá, mi buen señor. ¡Qué quieta está la tarde,
Como acallada a fin de agraciar la armonía!

Don Pedro:
¿Visteis adónde fue Benedicto a esconderse?

Claudio:
Ah, muy bien, mi señor. Al acabar la música,
Al zorro descubierto le daremos propina.[148]

---

[146] "Noble... ángel": juego de palabras con los nombres de dos monedas, el noble (*noble*), que valía un tercio de libra, y el ángel (*angel*), que valía media libra, así llamado porque tenía estampada una imagen del arcángel Miguel.

[147] Esto es, de su color natural, cualquiera que sea, no teñido.

[148] "Zorro descubierto": *kid-fox*, interpretando *kid* como participio pasado del verbo obsoleto *kithe*, "dar a conocer"; W. Warburton enmienda por *hid-fox*, "zorro escondido", a partir de un juego de niños aludido en *Hamlet*, IV.ii (*hide fox*), pero esa expresión no requeriría guión, además de que implicaría repetir el *hid* de dos versos antes

Don Pedro:
Bien, Baltasar, oiremos de nuevo esa canción.

Baltasar:
Buen señor, a una voz tan mala no impongáis
Que calumnie a la música más de una sola vez.

Don Pedro:
Es claro testimonio de la excelencia siempre
El poner a la propia perfección cara extraña.
Canta, te ruego, y no hagas que te corteje más.

Baltasar:
Ya que de cortejar habláis vos, cantaré,
Pues muchos cortejantes comienzan su demanda
A quien no creen digna, y aun así igual cortejan
Y van a jurar que aman.

Don Pedro:
                       Vamos ahora, te ruego,
O, si quieres seguir discutiendo más largo,
Hazlo en notas.

Baltasar:
                   Notad esto antes de mis notas,
No tengo nota alguna digna de ser notada.[149]

("esconderse"); otros proponen interpretar *kid-fox* como "zorro cachorro", pero eso sonaría excesivamente presuntuoso de parte de Claudio.
[149] Juego con los diversos sentidos de *note*, "nota, anotación, escrito breve", "nota (musical)", "notar, advertir, percibir", a lo que se agrega el juego sonoro *not a note*, remedado en "no tengo nota", y la apelación

Don Pedro:
Caramba, no hace más que hablar puras corcheas,
Notar notas, por cierto, digno de nota nada.[150]

[*Música.*]

Benedicto:
¡Ahora aire divino, ahora su alma se embelesa![151]
¿No es extraño que tripas de ovejas jalen las almas
de los cuerpos humanos?[152] Bien, un cuerno por mi
dinero, cuando todo se acabe.[153]

(*La canción.*)

[Baltasar:]
    Damas, dejad de suspirar,
        Siempre ellos son farsantes,[154]
    Un pie en la tierra, otro en el mar,

---

a la casi homofonía, en la pronunciación isabelina, entre *noting* ("ser notada") y *nothing* ("nada"), de la que se valdrá a continuación don Pedro.

[150] "Corcheas": notas musicales cuyo valor equivale a la octava parte de una semibreve, de donde aquí su sentido figurado de minuciosidades, extravagancias. "Digno de nota nada": *and nothing*, "y nada", de pronunciación entonces casi idéntica a *and noting*, "y notar"; la rima "notada / nada" procura recrear en algo ese efecto sonoro..

[151] "Aire" (*air*): "tonada de una composición" (DRAE, 15).

[152] "Tripas de ovejas": de las que estaban hechas las cuerdas de los instrumentos.

[153] "Cuerno" (*horn*): un cuerno de caza, más masculino que esos instrumentos de cuerda, y a su vez, en vista al futuro, autoironía involuntaria de quien tanto se resiste al matrimonio por considerar que inexorablemente convierte a un hombre en cornudo.

[154] Literalmente "los hombres fueron embaucadores siempre".

Nunca a nada constantes.
No suspiréis, dejadlos ir,
Y con dicha muy sana
Manifestad vuestro sentir
Con el: ay, nana, nana.
No cantéis más, no cantéis más
Esos tristes lamentos,
Sin engañar no están jamás
Desde que soplan vientos.[155]
No suspiréis, etc.[156]

Don Pedro:
Palabra de honor, una canción excelente.

Baltasar:
Y un cantante malo, mi señor.

Don Pedro:
Eh, no, a fe, cantas bastante bien para ser un improvisado.

Benedicto:
De haber sido un perro el que hubiera aullado así, lo habrían ahorcado; y ruego a Dios que su mala voz

---

[155] Literalmente "desde que el verano por primera vez fue frondoso".
[156] "Etc.": se repite el estribillo. En 1925 P. Heseltine publicó una versión de esta canción, donde se agrega un verso luego del primero de cada estrofa y sólo la primera de éstas corresponde a la respectiva de Shakespeare, con música de T. Ford, nacido alrededor de 1580; J.S. Manifold (1965) halló una partitura de 1597 que se adapta perfectamente a esta letra sin cambios. La traducción reproduce el metro del original, a fin de que se pueda cantar con la misma música.

no presagie ninguna desgracia; con las mismas ganas habría oído yo a la lechuza, cualquier peste que pudiera haber venido después.[157]

Don Pedro:
Ajá, pardiez, ¿oyes, Baltasar?[158] Te ruego que consigas alguna música excelente, pues mañana a la noche querríamos tenerla ante la ventana de la señorita Hero.[159]

Baltasar:
La mejor que pueda, mi señor.

Don Pedro:
Hazlo, que te vaya bien.

(*Sale Baltasar.*)

Venid aquí, Lionato. ¿Qué fue lo que me contasteis hoy, que vuestra sobrina Beatriz estaba enamorada del *signior* Benedicto?

Claudio:
Oh, sí –acechad, acechad, que el pájaro está posán-

---

[157] "Lechuza": *night-raven*, literalmente "cuervo nocturno", probablemente *nightjar*, "chotacabras"; si el canto del cuervo es proverbialmente de mal agüero (así en *Macbeth*, I.v), tanto más lo será el del cuervo nocturno; J. Lyly, en *Safo y Faón*, III.iii, lo equipara en ese sentido con la lechuza.

[158] Presumiblemente continuación del diálogo que ha seguido entre ellos mientras monologaba Benedicto; acaso gesto de complicidad con sus acompañantes porque han alcanzado a oír algo de lo que aquél dijo.

[159] Nada más se sabrá de esta proyectada serenata.

dose–. Yo jamás pensé que esa señorita fuera a amar a ningún hombre.

Lionato:
No, yo tampoco, pero lo más asombroso es que hubiera de chochear así por el *signior* Benedicto, a quien ella en todas sus conductas externas siempre pareció aborrecer.

Benedicto:
¿Es posible? ¿Por allí sopla el viento?[160]

Lionato:
Palabra de honor, señor mío, que no sé decir lo que pienso sino que ella lo ama con furiosa afición, excede lo infinito del pensamiento.[161]

Don Pedro:
Tal vez no hace más que fingir.

Claudio:
A fe, bastante probable.

Lionato:
¡Oh, Dios! ¿Fingir? Jamás hubo una pasión fingida que se aproximara tanto a la pasión viva como la que ella revela.

---

[160] Expresión proverbial.
[161] "Excede...": el hecho de que Beatriz ame a Benedicto, o bien la furiosa afición, o bien ambas cosas; la traducción reproduce la ambigüedad del original.

Don Pedro:
Caramba, ¿qué efectos de la pasión muestra ella?

Claudio:
Encarnad bien el anzuelo, este pez va a picar.

Lionato:
¿Qué efectos, mi señor? Ella se os va a sentar...[162]
Vos oísteis a mi hija contaros cómo.

Claudio:
Así es, en verdad.

Don Pedro:
¿Cómo, cómo, os ruego? Me dejáis atónito, yo habría pensado que el espíritu de ella era invencible contra todos los asaltos de la afición.

Lionato:
Eso habría jurado yo, mi señor, especialmente contra Benedicto.

Benedicto:
Yo debería pensar que esto es un timo, si no fuera el tipo de barba blanca el que lo dice: la bellaquería seguro que no puede esconderse en semejante venerabilidad.

Claudio:
Se ha pescado la infección, sostened.

---

[162] El verbo en futuro (perifrástico en la traducción) describe dramáticamente hechos pretéritos reiterados, con dativo ético (*you*, "os").

Don Pedro:
¿Le ha dado ella a conocer a Benedicto su afición?

Lionato:
No, y jura que no va a hacerlo jamás, ése es su tormento.

Claudio:
Es cierto, en verdad, así lo cuenta vuestra hija: "¿Voy yo", dice ella, "que tantas veces lo ataqué con el desprecio, a escribirle que lo amo?"

Lionato:
Eso dice ella ahora cuando está empezando a escribirle, pues va a levantarse veinte veces por noche, y allí va a sentarse en enaguas hasta haber escrito una sábana de papel; mi hija me cuenta todo.[163]

Claudio:
Ahora que habláis de una sábana de papel, recuerdo un lindo chiste que vuestra hija nos contó.

Lionato:
Ah, cuando la había escrito y estaba leyéndola, dio con Benedicto y Beatriz en la sábana.[164]

---

[163] "Sábana": *sheet*, aquí "hoja", tal como se entiende en la traducción con una exageración a tono con la circunstancia, pero enseguida motivo de chiste por su sentido de "sábana".
[164] Esto es, "encontró los nombres Benedicto y Beatriz escritos en la hoja" y "encontró a Benedicto y Beatriz entre las sábanas". E. Capell agrega a esta frase signo de interrogación, como si Lionato estuviera preguntando si ése es el chiste al que Claudio se refería.

Claudio:
Eso.

Lionato:
Ah, rompió la carta en mil peniques,[165] se reprochó haber sido tan descarada como para escribirle a uno que ella sabía que iba a tomársela a burla: "Lo mido", dice ella, "por mi propio espíritu, pues yo iba a burlarme de él si me escribía, sí, por más que lo ame le haría eso".

Claudio:
Entonces de rodillas cae, llora, gime, se golpea el pecho, se arranca pelos, reza, maldice: "Ah, querido Benedicto, Dios me dé paciencia".

Lionato:
Eso hace, es cierto, así dice mi hija, y el éxtasis la tiene tan abrumada que mi hija a veces teme que en la desesperación atente contra sí misma, es la pura verdad.

Don Pedro:
Sería bueno que Benedicto supiera de esto por algún otro, si ella no va a revelarlo.

Claudio:
¿Con qué fin? Él no haría más que tomárselo como una diversión y atormentar más a la pobre señorita.

---

[165] "Peniques": *halfpence*, diminutas monedas de medio penique, aquí con el sentido figurado de "pedacitos".

Don Pedro:
Si hiciera eso, ahorcarlo sería caridad.[166] Ella es una señorita gentil y excelente, y, fuera de toda sospecha, virtuosa.

Claudio:
Y extremadamente sensata.

Don Pedro:
En todo menos en amar a Benedicto.

Lionato:
Ah, mi señor, con la sensatez y la sangre combatiendo en un cuerpo tan tierno, tenemos diez pruebas contra una de que la sangre obtiene la victoria.[167] Lo siento por ella, y tengo justa causa, pues soy su tío y su tutor.[168]

Don Pedro:
Ojalá chocheara por mí, yo habría dejado de lado todo otro respecto y la habría hecho mi mitad.[169] Os ruego que se lo contéis a Benedicto y oigáis lo que va a decir.

Lionato:
¿Sería bueno, pensáis?

---

[166] Esto es, significaría ser demasiado bueno con él.
[167] "Sangre" (*blood*): llamado o impulsos de la sangre, pasión, deseo, como en boca de Claudio en la primera escena de este acto segundo.
[168] La explicitación más clara en toda la obra de que Beatriz es huérfana.
[169] "Todo otro respecto": empezando por las diferencias de rango social y de fortuna.

Claudio:
Hero piensa que ella seguramente va a morir, pues dice que va a morir si él no la ama, y que va a morir antes que dar a conocer su amor, y que va a morir, si él la corteja, antes que cortarse un instante el aliento de su acostumbrado malhumor.

Don Pedro:
Hace bien: si llega ella a hacer oferta de su amor, es muy posible que él la desprecie, pues el hombre, como todos sabéis, tiene un espíritu contencioso.

Claudio:
Es un hombre muy bien puesto.

Don Pedro:
Tiene en verdad un feliz exterior.

Claudio:
Dios valga, y a mi juicio, muy sensato.

Don Pedro:
En verdad muestra algunas chispas que son como de ingenio.

Lionato:[170]
Y yo lo tengo por valiente.

---

[170] Según la edición en folio; según la edición en cuarto, "Claudio", pero el parlamento parece menos apropiado en boca de éste, que acaba de volver de la guerra con Benedicto.

Don Pedro:
Como Héctor, os aseguro, y en el manejo de contiendas podéis decir que es sensato, pues o bien las evita con gran discreción, o bien las acomete con temor cristianísimo.[171]

Lionato:
Si de veras teme a Dios, necesariamente debe mantener la paz: si rompiera la paz, debería entrar en una contienda con temor y temblando.

Don Pedro:
Y así va a hacerlo, pues el hombre teme a Dios, como sea que no lo parezca por algunas bromas vastas que va a decir. Bien, lo siento por vuestra sobrina. ¿Hemos de ir en busca de Benedicto y le contamos del amor de ella?

Claudio:
Jamás se lo contéis, mi señor, dejad que a ella se le desgaste con buen consejo.[172]

Lionato:
No, eso es imposible, antes podrá desgastársele el corazón.

---

[171] "Héctor": jefe militar y máximo héroe de los troyanos. Don Pedro se desliza aquí hacia una burla a Benedicto muy en la vena de Beatriz, lo cual pone en riesgo la empresa en marcha; de allí que a continuación Lionato y de inmediato el príncipe mismo rectifiquen el rumbo.
[172] "Buen consejo" (*good counsel*): probablemente en el antiguo sentido reflexivo, "consejo consigo misma, reflexión".

Don Pedro:
Bien, vamos a oír más sobre esto por vuestra hija, dejemos entretanto que vaya enfriándose. Quiero bien a Benedicto, y desearía que él se examinara modestamente a sí mismo, para que viera hasta qué punto es indigno de tan buena señorita.

Lionato:
Mi señor, ¿queréis marchar? La comida está lista.[173]

Claudio:
Si él no chochea por ella a partir de esto, jamás voy a confiar en mis expectativas.

Don Pedro:
Que se tienda la misma red para ella, y de eso deben encargarse vuestra hija y su camarera. La diversión va a estar cuando los dos se imaginen que el otro chochea, y no haya tal: ésa es la escena que yo querría ver, que va a ser meramente una pantomima.[174] Enviémosla a ella a llamarlo para la comida.

(*Salen* [*todos menos Benedicto*].)

---

[173] "Comida": *dinner*, la comida principal del día, en tiempos de Shakespeare el almuerzo (el sentido actual de "cena" es relativamente reciente); hay pues aquí una incoherencia interna con las palabras iniciales de Claudio al ingresar en esta escena, "qué quieta está la tarde".

[174] Porque ambos van a quedarse mudos, en contraste con su habitual locuacidad. El príncipe desea extender sus actividades teatrales dentro de la obra.

Benedicto:
Esto no puede ser una treta, la conferencia fue llevada adustamente, saben la verdad de esto por Hero. Parecen compadecerse de la señorita; parece que su afición está tensada al máximo.[175] ¿Me ama? Caramba, eso debe ser recompensado. Oigo cómo me censuran:[176] dicen que voy a comportarme orgullosamente si percibo el amor que viene de ella; dicen también que ella prefiere morirse antes que dar el más mínimo indicio de afición. Jamás pensé casarme; no debo parecer orgulloso; felices los que oyen sus detracciones y pueden ponerlas a enmendar. Ellos dicen que la señorita es bella; es verdad, puedo salirles de testigo; y virtuosa; es así, no puedo refutarlo; y sensata, salvo porque me ama; por mi honor, eso no es ninguna adición a su ingenio, ni tampoco ningún gran argumento de su bufonería, pues yo voy a estar horriblemente enamorado de ella. Puede ser que irrumpan algunas agudezas sobrantes y restos de ingenio sobre mí, porque he despotricado tanto tiempo contra el casamiento; pero, ¿no se altera el apetito? Un hombre adora en su juventud la carne que no puede digerir en su vejez.[177] Sarcasmos y sentencias y esas balas de papel del cerebro, ¿han de espantar a un hombre

---

[175] Como un arco cuando se está a punto de disparar la flecha.
[176] "Me censuran" (*I am censured*): "censurar: formar juicio de una obra o cosa" (DRAE, 1), no necesariamente en el sentido negativo hoy más habitual en inglés y en castellano.
[177] "Carne": *meat* (como en la escena inicial), cuyo antiguo sentido genérico de "alimentos" perdería en la traducción la sugerencia sexual, o por así decirlo "carnal".

del rumbo de su humor?[178] No, el mundo debe ser poblado. Cuando yo decía que iba a morir soltero, no pensaba que habría de vivir hasta casarme. Aquí viene Beatriz: por la luz de este día que atisbo en ella algunas señales de amor.

(*Entra Beatriz.*)

Beatriz:
Contra mi deseo he sido enviada a pediros que entréis a comer.

Benedicto:
Bella Beatriz, las gracias os doy por tal molestia.[179]

Beatriz:
No encontré más molestia para ese agradecimiento que la molestia que vos encontráis en agradecerme; si hubiera sido molesto, no habría venido.

Benedicto:
Encontráis placer entonces en el mensaje.

Beatriz:
Ajá, exactamente tanto como vos podríais encontrar en la punta de un cuchillo y en atragantar con ella a un grajo. Vos no tenéis estómago para comer ahora, *signior*, que os vaya bien.[180]

---

[178] "De papel": porque están tomadas de libros.
[179] Benedicto responde con un verso.
[180] "Estómago para comer ahora": *stomach*, "estómago", en el senti-

(*Sale.*)

Benedicto:
¡Ja! "Contra mi deseo he sido enviada a pediros que entréis a comer", hay un doble sentido en eso.[181] "No encontré más molestia para ese agradecimiento que la molestia que vos encontráis en agradecerme"; eso es tanto como decir: "Cualquier molestia en que me encuentre por vos es tan fácil como dar las gracias". Si yo no encuentro en mí compasión por ella, soy un villano; si no la amo, soy un judío; voy a conseguirme un retrato de ella.

(*Sale.*)

---

do figurado de "apetito", pero hace a la gracia de la situación el hecho de que Beatriz la haya empleado antes respecto de Benedicto con el doble sentido figurado de "coraje".

[181] Benedicto y más aún Beatriz son especialistas en dobles sentidos; ella se ha expresado en esa frase sin ningún doble sentido y él patéticamente se esfuerza por encontrárselo; los comentaristas sugieren que el probable doble sentido que él imagina es que ella le pide "contra su deseo" que entre, porque desearía quedarse a solas con él afuera.

ACTO III

ESCENA I

(*Entran Hero y dos camareras, Margarita y Úrsula.*)

Hero:
Mi buena Margarita, córrete hasta el vestíbulo;
Allí vas a encontrar a mi prima Beatriz,
Quien está conversando con el príncipe y Claudio.
Susúrrale al oído, di que yo y Ursulita[182]
Estamos en el huerto paseando y nuestra charla
Es toda acerca de ella; di que alcanzaste a oírnos,
Y que acuda a hurtadillas a la enramada espesa,
Donde las madreselvas, maduras por el sol,
Prohíben al sol entrar, como los favoritos
Henchidos por los príncipes, que alzan su orgullo
    [contra
El poder que lo crió. Debe allí esconderse ella
A escuchar nuestra charla. Tal será tu misión;
Pórtate bien en eso, y ahora déjanos solas.

Margarita:
Voy a hacerla venir, os lo juro, enseguida.

---

[182] "Ursulita": *Ursley*, según la pronunciación familiar de *Ursula*.

(*Sale.*)

Hero:
Ahora, Úrsula, cuando haya venido ya Beatriz,
Mientras este sendero seguimos ida y vuelta,
Debemos conversar sólo de Benedicto:
Cuando lo nombre yo, que sea tu papel
Loarlo como nunca mereció ningún hombre;
Mi charla debe ser de cómo Benedicto
Está loco de amor por Beatriz; tal sustancia
Forma la astuta flecha de Cupido el pequeño,
Que hiere solamente de oídas.

(*Entra Beatriz.*)

                        Ahora, empieza,
Pues mira dónde corre Beatriz como avefría
Pegada al suelo a fin de oír nuestra conferencia.

Úrsula:
Lo más grato al pescar es observar al pez
Cortar la onda de plata con sus remos dorados
Y tragarse voraz el traicionero anzuelo;
De ese modo pesquemos a Beatriz, que ahora mismo
Se recuesta a cubierto de aquella madreselva;
No os dé ningún temor mi papel en el diálogo.

Hero:
Vamos cerca, no vaya su oído a perder nada
Del dulce cebo falso que le vamos a echar.[183]

---

[183] "Nada": *nothing*, que en cercanías del juego de palabras con *noting*

Úrsula, no, de veras, ella es muy desdeñosa;
Su espíritu sé que es tan esquivo y salvaje
Como un halcón montano.[184]

Úrsula:

¿Pero estáis vos segura
De que ama Benedicto totalmente a Beatriz?

Hero:
Mi señor prometido y el príncipe lo dicen.

Úrsula:
¿Y os pidieron, señora, que a ella se lo
      [contarais?[185]

Hero:
Me suplicaron, sí, que la pusiera al tanto,
Pero los persuadí, si aman a Benedicto,
De que le aconsejaran luchar con el afecto
Y jamás se le hiciera saber de eso a Beatriz.

Úrsula:
¿Por qué tal cosa hicisteis? ¿El caballero acaso
No se merece un lecho de tan buena fortuna
Como aquel en el que haya Beatriz de recostarse?

---

en la escena anterior evoca la idea de "notar" (aquí "perderse de notar"), lo que toca hacer ahora Beatriz a tono con el juego de simulaciones y percepciones erróneas que motoriza la obra.

[184] "Halcón montano" (*haggard*): "el criado en los montes, que por no haber sido enseñado desde joven, era siempre zahareño" (DRAE).

[185] "Señora" traduce en esta obra *madam*, cuando está dirigido a una superior.

Hero:
¡Oh, sí, dios del amor! Bien sé que él se merece
Tanto como es posible que se conceda a un hombre;
Mas nunca un corazón de mujer fue forjado
De una materia más altiva que en Beatriz;
Desprecio y desdén montan chispeantes en sus ojos,
Que desestiman cuanto contemplan, y su ingenio
Se valúa a sí mismo tan alto que para ella
El resto es poca cosa: jamás podría amar,
Ni concebir ni forma ni idea de cariño,
Tanto se ama a sí misma.

Úrsula:
                      Seguro, así lo creo,
Y no sería bueno por ende que supiera
Que él la ama, pues haría de eso una diversión.

Hero:
Caramba, es la verdad. Jamás he visto a un hombre
Por más sensato, joven, noble, de raros rasgos,
Al que no deletrease del revés:[186] si es muy lindo,
Jura que el caballero le parece una hermana;
Si negro, en el dibujo de la naturaleza
Se hizo un manchón;[187] si es alto, lanza de punta
   [roma;

---

[186] "Deletrease del revés": *she would spell him backward*, con la idea de "describiese mal, a su antojo, tomando todo en otro sentido", y acaso en conexión con la hechicería (*spell* significa también "hechizar, hechizo"), pues se creía que leyendo plegarias de atrás para adelante ("del revés") se invocaba al diablo.

[187] "Negro" (*black*): oscuro, de tez morena. "En el dibujo de la naturaleza": literalmente "la naturaleza, dibujando una figura grotesca".

Si bajo, un camafeo malamente tallado;[188]
Si habla, bah, una veleta que gira a cualquier viento;
Si calla, un leño, pues, al que ninguno mueve.
Así ella el lado malo de cada hombre da vuelta
Y nunca a la verdad y a la virtud otorga
Aquello que los méritos y la llaneza adquieren.

Úrsula:
Seguro, tales críticas no son recomendables.

Hero:
No, ser tan singular y ajena a las maneras
Como Beatriz no debe de ser recomendable;
Mas, ¿quién va a osar decírselo? Si yo hablara, de mí
Haría aire mofándose, me anularía a risas,
Me aplastaría a muerte con ingeniosidades.[189]
Que Benedicto pues, como fuego cubierto,
Se consuma en suspiros, se extinga interiormente.[190]
Sería mejor muerte que morir por las mofas,
Que es igualmente malo que morir de cosquillas.

Úrsula:
Sin embargo, contádselo, y oíd qué va a decir.

---

[188] "Camafeo": *agate*, "ágata" cortada en piezas diminutas para anillos o sellos.
[189] "Me aplastaría a muerte" (*would... press me to death*): alusión a un método de tortura para hacer declarar a un acusado, consistente en ponerle encima grandes pesos.
[190] "Fuego cubierto": brasa que continúa ardiendo cubierta por las cenizas. "Se consuma en suspiros": según la creencia en que a cada suspiro se perdía una gota de sangre, a la que se alude en la escena inicial.

Hero:
No, prefiero antes ir con Benedicto, a darle
Consejo de que luche con esta pasión suya;
Y voy, por cierto, a idear cualquier calumnia honesta
Con que a mi prima pueda manchar: nunca se sabe
Cuánto al gusto envenenan unas feas palabras.[191]

Úrsula:
Oh, no hagáis un agravio como ése a vuestra prima;
No puede carecer a tal punto de juicio
—Cuando tiene un ingenio tan veloz y excelente
Como el que se le estima— como para rehusar
Al *signior* Benedicto, tan raro caballero.

Hero:
Es el hombre más único que existe en toda Italia,
Siempre con la excepción de mi querido Claudio.

Úrsula:
Os ruego que conmigo no os enfadéis, señora,
Si hablo mis fantasías: el *signior* Benedicto,
Por su aspecto, su porte, su criterio y valor,
A lo largo de Italia va delante en la fama.

Hero:
Así es, tiene en verdad excelente buen nombre.

---

[191] "Calumnia honesta": que no empañe su "honor" (de virgen). "Calumnia... manchar... envenenan...": la propia Hero ha de padecer eso mismo más adelante.

Úrsula:
Lo ganó su excelencia, ya antes que lo tuviera.
¿Cuándo estaréis casada, mi señora?

Hero:
Todos los días, luego de mañana. Ahora entremos,
Quiero mostrarte algunos tocados, así dices
Cuál juzgas que es mejor que mañana yo luzca.

Úrsula:
Cayó en la liga, os juro; la cazamos, señora.[192]

Hero:
Si resulta, hay azar cuando de amor se trata:
Cupido a unos con flechas, a otros con trampas
       [mata.

(*Salen Hero y Úrsula.*)

Beatriz:
¿Por qué hay fuego en mi oído?[193] ¿Puede esto ser
       [verdad?

---

[192] "Liga": "masa hecha con zumo del muérdago para cazar pájaros" (DRAE, *liga*², 2).
[193] "Hay fuego en mi oído": proverbio equivalente a nuestro "me zumban los oídos", esto es, otros están hablando mal de uno; con todo, aquí el "fuego" que siente Beatriz es el rubor de la vergüenza, porque admite razón en lo que han dicho de ella, y el del amor, al que Hero acaba de llamar metafóricamente "fuego" hablando de Benedicto. Beatriz, que hasta ahora ha hablado siempre en prosa y apenas si tendrá a su cargo diez versos más en lo que resta de la obra, los emplea aquí por primera vez, y además en una explosión sentimental a la manera de un soneto inglés al que le faltara el cuarteto inicial.

¿Tanto así me condenan por desprecio y orgullo?
Adiós, desdén y orgullo de la virginidad,
A espaldas de esas cosas no hay gloria en el
 [murmullo.[194]
Y tú, Benedicto, ama, voy a recompensarte,
Domando mi salvaje pecho en tu mano amada:[195]
Mi gentileza, si amas sin duda, ha de incitarte
A unir nuestros amores en una unión sagrada;
Porque dicen que mucho tú mereces, y más
Creo yo por mí misma que según los demás.

(*Sale.*)

---

[194] Más literalmente "ninguna gloria vive detrás de las espaldas de tales (cosas)"; la imagen sugiere que nada bueno se hablará a espaldas de ella por su desdén y orgullo, tal como acaba de suceder.

[195] Como hace en la mano de su dueño un halcón montano, con el que ha escuchado que la comparaban.

ESCENA II

(*Entran el príncipe* [*don Pedro*], *Claudio, Benedicto y Lionato.*)

Don Pedro:
Sólo me quedo hasta que vuestro casamiento esté consumado, y luego parto hacia Aragón.

Claudio:
Quiero escoltaros hasta allí, mi señor, si me lo concedéis.

Don Pedro:
No, eso sería tan buena base para el nuevo lustre de vuestro casamiento como mostrarle a un niño su nueva capa y prohibirle ponérsela. Voy a ser solamente osado con Benedicto en cuanto a su compañía, pues desde la coronilla de su cabeza hasta la suela de sus pies él es todo alegría: ha cortado dos o tres veces la cuerda del arco de Cupido, y el pequeño verdugo no se atrevería a dispararle; tiene un corazón tan duro como una campana y su lengua es el badajo, pues lo que piensa su corazón su lengua lo dice.[196]

Benedicto:
Galanes, ya no soy el que era.

---

[196] "Duro": *sound*, "firme, sólido" y "sonido"; *sound as a bell*, "duro / sonoro como una campana", era una expresión proverbial. "Lo que piensa su corazón su lengua lo dice": *what his heart thinks his tongue speaks*, variación sobre el proverbio *as the fool thinks, the bell chinks*, "cuando el necio (bufón) piensa, la campana tintinea".

Lionato:
Eso digo yo, me parece que estáis más adusto.

Claudio:
Confío en que esté enamorado.

Don Pedro:
¡Que lo cuelguen, desaparecido![197] No hay en él una sola gota de sangre verdadera como para que esté verdaderamente tocado por el amor: si está adusto, le falta dinero.

Benedicto:
Me duele una muela.[198]

Don Pedro:
Arrancáosla.

Benedicto:
Colgadla.

Claudio:
Primero debéis colgarla, y arrancarla después.[199]

---

[197] "Desaparecido": *truant*, que también significa "vago, vagabundo", aquí empleada en su sentido de "ausente" (del amor), y acaso también con un doble sentido encubierto de "ausente" (distraído, ajeno, por causa del amor, porque está enamorado).

[198] Amor y dolor de muelas solían aparecer asociados en la literatura isabelina.

[199] La pena para los condenados por traición era colgarlos, arrancarles las tripas y descuartizarlos. Los barberos exhibían colgados en sus ventanas dientes arrancados.

Don Pedro:
¿Qué, suspiráis por el dolor de muelas?

Lionato:
Donde no hay más que un humor o un gusanillo.[200]

Benedicto:
Bueno, no cualquiera puede dominar el dolor salvo el que lo tiene.[201]

Claudio:
Sin embargo, yo digo que está enamorado.

Don Pedro:
No hay ninguna apariencia de afición en él, a menos que sea una afición que tiene a los disfraces extraños, como estar holandés hoy, francés mañana, o en la forma de dos países a la vez, como alemán de la cintura para abajo, todo greguescos, y español de la cintura para arriba, nada de jubón; a menos que tenga una afición a tal bufonería, como parece tener, no bufonea por afición, como vos querríais hacer que parezca.[202]

---

[200] Causas del dolor de muelas según la medicina de la época.

[201] "No cualquiera puede": *every one cannot*; A. Pope, seguido en esto por casi todos los editores, enmienda por *every one can*, "cualquiera puede".

[202] "Afición": *fancy*, la primera y la última vez en el sentido de "amor", y la segunda y la tercera en el de "afectación, capricho". "Apariencia... disfraces": juego de contrastes. "O en la forma... jubón": pasaje suprimido en la edición en folio, acaso por razones políticas o porque al rey Jacobo le desagradaban las burlas a extranjeros; hay empero testimonios de mofas al hábito inglés de tomar prestadas varias modas extranjeras a la vez, como en *El mercader de Venecia*, I.II, donde Porcia descarta a su pretendiente inglés alegando "Me parece que se compró el

Claudio:
Si no está enamorado de alguna mujer, no hay que creer en los viejos signos: se cepilla el sombrero cada mañana, ¿eso qué presagiará?

Don Pedro:
¿Lo ha visto alguien donde el barbero?

Claudio:
No, pero el ayudante del barbero ha sido visto con él, y el viejo adorno de su mejilla ha rellenado ya pelotas de tenis.[203]

Lionato:
En verdad luce más joven por la pérdida de la barba.

Don Pedro:
No, si se frota con algalia, ¿podéis olerlo por eso?[204]

---

jubón en Italia, las calzas en Francia, el sombrero en Alemania y los modales en todas partes". "Nada de jubón": por la usanza de llevar ropilla, que cubría el jubón. "Afición... bufonería... bufonea... afición": la aliteración en *f* remeda la del original, *fancy... foolery... fool for fancy*. "Bufonería": *foolery*, que también significa "necedad, locura". "No bufonea": *he is no fool*, "no es/está para nada necio, no es ningún bufón".

[203] Las pelotas de tenis se rellenaban entonces con pelo. Benedicto seguramente había vuelto de la campaña militar con barba crecida, y ahora ha tenido en cuenta la preferencia manifestada por Beatriz, aunque no estando él presente, en la primera escena del acto segundo: "no podría soportar a un marido con barba en el rostro...".

[204] "Algalia": "sustancia untuosa... de olor fuerte y sabor acre; se saca de la bolsa que cerca del ano tiene el gato de algalia y se emplea en perfumería" (DRAE). "Olerlo por eso": con el doble sentido de "descubrir gracias a eso su secreto". El juego de palabras en torno al olor se extiende a

Claudio:
Eso es tanto como decir que el dulce joven está enamorado.

Don Pedro:
La mayor nota de eso está en su melancolía.

Claudio:
¿Y cuándo tuvo el hábito de lavarse la cara?[205]

Don Pedro:
Ajá, ¿y de pintarse? Por lo cual ya oigo lo que dicen de él.

Claudio:
No, si es su espíritu de bromista, que ahora se ha deslizado en una cuerda de laúd, y ahora está gobernado por clavijas.[206]

Don Pedro:
En verdad eso cuenta un cuento grave para él: concluid, concluid, está enamorado.

Claudio:
No, si yo sé a quién ama.

---

continuación en "dulce", y tal vez en "melancolía", de la que se creía que causaba mal olor pues a quienes la padecían la comida les caía mal.
[205] "Lavarse" (*wash*): que también se empleaba con el sentido de "aplicarse lociones cosméticas", y ésa es la idea en la que avanza a continuación don Pedro.
[206] "Clavijas": *stops*, literalmente "trastes", donde se presionan las cuerdas para dar la nota correspondiente.

Don Pedro:
Eso querría saber yo también; os garantizo que es alguien que no lo conoce.

Claudio:
Sí, ni tampoco todas sus malas cualidades, y, a despecho de todo, muere por él.

Don Pedro:
Habrá que sepultarla boca arriba.[207]

Benedicto:
Sin embargo esto no es ningún ensalmo contra el dolor de muelas. Anciano *signior*, dad un paseo a solas conmigo; he estudiado ocho o nueve palabras sensatas para deciros, que estos payasos no deben oír.[208]

[*Salen Benedicto y Lionato.*]

Don Pedro:
Por mi vida, para encararlo por Beatriz.

---

[207] *Dying*, "morir", se empleaba con el sentido de "alcanzar el orgasmo", de donde el doble sentido sugerido de que ella "morirá" (alcanzará el orgasmo) "sepultada" bajo el cuerpo de él.
[208] "Payasos": *hobby-horses*, "caballitos de juguete", como se llamaba una figura de danza en que el bailarín, disfrazado de caballo, imitaba burlescamente una exhibición de habilidades ecuestres, de donde el sentido reflejado en la traducción. Benedicto, como infiere a continuación don Pedro, quiere pedir la mano de Beatriz al tutor de ella, aunque luego hará eso mismo, como por primera vez, en la escena final de la obra, inconsistencia que en la velocidad de la representación tiende a pasar inadvertida.

Claudio:
Es así, no hay duda; Hero y Margarita ya habrán representado sus papeles con Beatriz, y entonces los dos osos no van a morderse uno a otro cuando se encuentren.[209]

(*Entra [don] Juan el bastardo.*)

Don Juan:
Mi señor y hermano, Dios os guarde.

Don Pedro:
Y os dé buenas tardes, hermano.

Don Juan:
Si disponéis de tiempo libre, querría hablar con vos.

Don Pedro:
¿En privado?

Don Juan:
Si os place, aunque el conde Claudio podría oír, pues lo que voy a hablar le concierne.

Don Pedro:
¿Cuál es el asunto?

---

[209] "Margarita": en realidad ese papel lo desempeñó Úrsula, otro descuido. "Los dos osos...": "un lobo (u oso) no va a morder a otro" era una expresión proverbial.

Don Juan:

[*A Claudio.*]

¿Pretende vuestra señoría casarse mañana?

Don Pedro:
Sabéis que sí.

Don Juan:
No lo sé, cuando sepa lo que sé yo.

Claudio:
Si hay algún impedimento, os ruego que lo reveléis.

Don Juan:
Quizá penséis que yo no os quiero; que eso se vea de aquí en más, y mejore la puntería respecto a mí por lo que voy a manifestar ahora, pues mi hermano –yo pienso que os tiene bien considerado, y en aprecio de corazón– ha ayudado a llevar a cabo vuestro consiguiente casamiento, con seguridad una mala petición y un trabajo mal otorgado.[210]

Don Pedro:
Caramba, ¿cuál es el asunto?

---

[210] Traducción según la puntuación de las ediciones en cuarto corregida y en folio, que ponen paréntesis (guiones en la traducción) donde había comas en la edición en cuarto sin corregir; según la puntuación enmendada por N. Rowe y E. Capell, "... voy a manifestar ahora. En cuanto a mi hermano, pienso que os tiene bien considerado, y en aprecio de corazón ha ayudado...".

Don Juan:
Vengo aquí a deciros, y abreviando circunstancias —pues de ella han hablado ya demasiado—, que la señorita es desleal.

Claudio:
¿Quién, Hero?

Don Juan:
Ella misma, la Hero de Lionato, la Hero vuestra, la Hero de todos.

Claudio:
¿Desleal?

Don Juan:
La palabra es demasiado buena para pintar toda su perversidad; podría decir que ella es peor, pensad un título peor y os la haré encajar en él. No os asombréis hasta tener más garantía: sólo venid conmigo esta noche, habréis de ver que alguien entra por la ventana de su habitación, la mismísima noche anterior al día en que ha de desposarse. Si la amáis, luego mañana desposadla;[211] pero cuadraría mejor a vuestra honra cambiar de parecer.

Claudio:
¿Es posible?

---

[211] Puntuación según las ediciones en cuarto y en folio; según la enmienda de T. Hanmer, "si la amáis luego, mañana desposadla".

Don Pedro:
Yo no quiero creerlo.

Don Juan:
Si no osáis confiar en lo que ven vuestros ojos, no confeséis que sabéis.[212] Si queréis seguirme, voy a mostraros lo suficiente; y cuando hayáis visto y oído más, proceded en consecuencia.

Claudio:
Si veo esta noche cualquier cosa por la cual no debería desposarla mañana en la congregación, donde debería casarme, allí voy a avergonzarla.[213]

Don Pedro:
Y yo, así como cortejé por ti para obtenerla, voy a unirme a ti para desgraciarla.

Don Juan:
No voy a denostarla más hasta que seáis mis testigos. Llevadlo con calma sólo hasta la medianoche, y dejad que el caso se muestre por sí mismo.

Don Pedro:
¡Oh día funestamente trastornado!

---

[212] La idea podría ser "si no confiáis en vuestros propios ojos, no digáis que sabéis algo", o bien "no divulguéis lo que os he dicho"; don Juan es deliberadamente críptico.

[213] Puntuación según las ediciones en cuarto y en folio; N. Rowe agrega una coma luego de "mañana", mientras que E. Capell la agrega luego de "desposarla", en ambos casos conectando "en la congregación" con "avergonzarla".

Claudio:
¡Oh maldad extrañamente frustrante!

Don Juan:
¡Oh peste justo a tiempo evitada! Eso diréis cuando hayáis visto el desenlace.

    (*Salen.*)

ESCENA III

(*Entran Zarzal y su compañero Acíbar con la guardia.*)[214]

Zarzal:
¿Sois buenos hombres y honrados?

Acíbar:
Claro, si no, sería una pena que no sufrieran la salvación en cuerpo y alma.[215]

Zarzal:
No, eso sería un castigo demasiado benigno para ellos, si tuvieran algo de lealtad, cuando los han elegido para hacer la guardia del príncipe.

Acíbar:
Bueno, dadles las órdenes, vecino Zarzal.

---

[214] "Zarzal": *Dogberry*, "cornejo" y su fruto. "Acíbar": *Verges*, por *Verjuice*, jugo de fruta verde empleado en cocina y medicina. Ambos comandan un grupo de ciudadanos designados para cubrir funciones policiales en una ronda nocturna, a lo que los ricos escapaban pagando a otros que los remplazasen ("Escalo: ... Hacen mal en poneros tan seguido en el cargo. ¿No hay en vuestra zona hombres capaces para desempeñarlo? / Codazo: En verdad, señor, hay pocos que tengan el talento necesario...; en cuanto los eligen, se alegran de elegirme a mí en su lugar. Yo lo hago por un poco de dinero...", *Medida por medida*, II.i, trad. de I. Vilariño).
[215] "Salvación": *salvation*, en lugar de *condemnation*, "condenación".

Zarzal:
Primero, ¿quién pensáis que es el más incapacitado para ser alguacil?[216]

Primer guardia:
Hugo Tarteleta, señor, o Jorge Carbone, pues saben leer y escribir.[217]

Zarzal:
Venid aquí, vecino Carbone. Dios os ha bendecido con un buen nombre; ser apuesto es un don de la fortuna, pero leer y escribir vienen por naturaleza.

Segundo guardia:
Dos cosas que, alguacil jefe...

Zarzal:
... Vos tenéis: sabía que ésa iba a ser vuestra respuesta. Bueno, en cuanto a vuestra apostura, señor, caramba, dad a Dios las gracias y no hagáis alarde; y en cuanto a vuestra lectura y escritura, que se vean cuando no haya ninguna necesidad de esas vanidades. Aquí se piensa que vos sois el más insensato y adecuado para alguacil de la guardia; por lo tanto, llevad vos el farol. Éstas son vuestras órdenes: debéis comprehender a todo vagamundo, tenéis que pedir a

---

[216] "Incapacitado" (en lugar de "capacitado"): *desertless*, "inmerecedor", en lugar de *deserving*, "merecedor".
[217] "Hugo... Jorge": *Hugh... George*. "Tarteleta": *Oatcake*, "torta de avena". "Carbone": *Seacoal*, carbón proveniente de vetas expuestas al mar, muy apreciado.

todo hombre que se esté quieto, en nombre del príncipe.[218]

Segundo guardia:
¿Y si no quiere estarse quieto?

Zarzal:
Caramba, entonces no lo notéis y dejadlo ir, y llamad de inmediato a todo el resto de la guardia y dad gracias a Dios de que os deshicisteis de un pillo.

Acíbar:
Si no quiere estarse quieto cuando se le pide, no es ningún súbdito del príncipe.

Zarzal:
Cierto, y ellos tienen que meterse nada más que con los súbditos del príncipe. Tampoco habéis de hacer ningún ruido en las calles; pues para la guardia chacharear y hablar es totalmente tolerable y no se tiene que aguantar.[219]

Guardia:
Más bien vamos a dormir que a hablar, sabemos lo que corresponde a una guardia.

---

[218] "Insensato": *senseless*, en lugar de *sensible*, "sensato". "Comprehender": *comprehend*, en lugar de *aprehend*, "aprehender". "Vagamundo": *vagrom*, presumiblemente deformación de *vagrant*, "vagabundo".
[219] "Tolerable": *tolerable*, por *intolerable*, "intolerable".

Zarzal:
Caramba, habláis como un guardia antiguo y tranquilísimo, pues yo no veo en qué ha de ofender el dormir; sólo tened cuidado de que no os roben vuestras alabardas. Bueno, debéis llamar en todas las cervecerías, y pedirles a los que estén borrachos que se vayan a la cama.

Guardia:
¿Y si no quieren?

Zarzal:
Caramba, entonces dejadlos hasta que estén sobrios: si no os dan entonces mejor respuesta, podréis decir que los tomasteis por otros.

Guardia:
Bueno, señor.

Zarzal:
Si os encontráis con un ladrón, podréis sospechar que él, en virtud de vuestro oficio, no es ningún honrado; y en cuanto a esa especie de hombres, mientras menos os metáis o hagáis con ellos, caramba, más a favor de vuestra honestidad.

Guardia:
Si sabemos que es un ladrón, ¿no hemos de echarle mano?

Zarzal:
En verdad, en virtud de vuestro oficio, podríais, pero

yo pienso que el que toca la pez se va a manchar.[220] El camino más pacífico para vosotros, si de veras dais con un ladrón, es dejar que él solo muestre lo que es y se hurte de vuestra compañía.[221]

Acíbar:
Siempre os han dicho misericordioso, compañero.

Zarzal:
En verdad, yo no colgaría a un perro por voluntad mía, mucho más a un hombre que tiene honestidad alguna.[222]

Acíbar:
Si oís gritar a un niño en medio de la noche, debéis llamar a la nodriza y pedirle que lo calle.[223]

Guardia:
¿Y si la nodriza está durmiendo y no quiere oírnos?

---

[220] "El que toca la pez, se mancha", *Eclesiástico*, XIII.1.
[221] "Se hurte": *steal out*, muy a propósito para referirse a un ladrón.
[222] Los animales eran pasibles de condenas judiciales, de allí también las palabras de Benedicto en la tercera escena del acto segundo, "de haber sido un perro el que hubiera aullado así, lo habrían ahorcado", y las de Lanza sobre su perro en *Los dos caballeros de Verona*, IV.iv, "he estado sentado en el cepo por salchichas que robó él, caso contrario lo habrían ejecutado".
[223] Probable mofa de "Los estatutos de la calle" de 1595, que estipulaban pena de prisión para quienes después de las nueve de la noche, entre otras cosas, silbaran, martillaran, pegaran a su mujer o a sus sirvientes, cantaran.

Zarzal:
Caramba, entonces partid en paz y dejad que el niño la despierte con sus gritos, pues la oveja que no quiere oír a su cordero cuando bala jamás querrá responder a un ternero cuando muja.

Acíbar:
Es muy cierto.

Zarzal:
Aquí terminan las órdenes: vos, alguacil, estáis para representar la persona del príncipe; si os encontráis con el príncipe en medio de la noche, podríais detenerlo.

Acíbar:
No, por Nuestra Señora, yo pienso que no puede.

Zarzal:
Cinco chelines contra uno a que sí a cualquiera que conozca los estatutos;[224] pardiez, no sin la voluntad del príncipe, pues la verdad es que la guardia no debería ofender a nadie, y es una ofensa detener a alguien contra su voluntad.

Acíbar:
Por Nuestra Señora, eso pienso yo que sería.

---

[224] "Estatutos": *statutes*, según la edición en cuarto; en la edición en folio, *statues*, "estatuas", que, si hubiera sido una corrección del propio autor o aprobada por él, sería otro "error" lingüístico de Zarzal.

Zarzal:
¡Ja, ahá! Bueno, señores, buenas noches; si llega a haber algún asunto de peso, llamadme; guardad los consejos de vuestros camaradas y el vuestro propio, y buenas noches. Vamos, vecino.

Guardia:
Bueno, señores, ya oímos nuestras instrucciones; vayamos a sentarnos aquí en el banco de la iglesia hasta las dos, y después todos a la cama.

Zarzal:
Una palabra más, honestos vecinos: os ruego que hagáis guardia en torno a la puerta del *signior* Lionato, pues con la boda que habrá allí mañana, hay mucho barullo esta noche. Adiós, manteneos vigitantes, os suplico.[225]

(*Salen* [*Zarzal y Acíbar*].)

(*Entran Boracho y Conrado.*)

Boracho:
¿Y, Conrado?

Guardia:

[*Aparte.*]

Silencio, no os mováis.

---
[225] "Vigitantes": *vigitant*, por *vigilant*, "vigilantes".

Boracho:
¡Conrado, digo!

Conrado:
Aquí, hombre, estoy pegado a tu codo.

Boracho:
Por la misa, y el codo me picaba, pensé que me seguiría una costra.[226]

Conrado:
Voy a deberte una respuesta por eso, y ahora adelante con tu cuento.

Boracho:
Estáte cerca, entonces, bajo este cobertizo, que está lloviznando, y yo, como un verdadero ebrio, voy a manifestártelo todo.[227]

Guardia:

[*Aparte.*]

Alguna traición, señores, estaos cerca todavía.

---

[226] "Costra": *scab*, "costra (que se forma sobre una herida)" y "canalla".
[227] "Ebrio" (*drunkard*): alusión a su nombre y al proverbio latino *in vino veritas*, "en el vino (está) la verdad", esto es, cuando uno está borracho dice la verdad.

Boracho:
Haz de saber, pues, que me gané de don Juan mil ducados.

Conrado:
¿Es posible que villanía alguna sea tan cara?

Boracho:
Más bien debieras preguntar si es posible que villanía alguna sea tan rica; pues cuando los villanos ricos tienen necesidad de los villanos pobres, los pobres pueden poner el precio que quieran.

Conrado:
Me asombra.

Boracho:
Eso muestra que no estás confirmado.[228] Ya sabes que la moda de un jubón, o de un sombrero, o de una capa, no es nada para un hombre.

Conrado:
Claro, es vestimenta.

Boracho:
Me refiero a la moda.

Conrado:
Claro, la moda es la moda.

---

[228] "No... confirmado" (*unconfirmed*): esto es, no experimentado.

Boracho:
Bah, lo mismo podría decir yo que el bufón es el bufón, pero ¿no ves qué ladrón deforme es la moda?

Guardia:

[*Aparte.*]

Yo conozco a ese tal Deforme, ha sido un vil ladrón estos siete años, va de acá para allá como un caballero; recuerdo su nombre.

Boracho:
¿No oíste a alguien?

Conrado:
No, fue la veleta sobre la casa.

Boracho:
¿No ves, digo, qué ladrón deforme es esa moda, con qué vértigo da vuelta a todos los de sangre caliente entre los catorce y los treinta y cinco, a veces poniéndolos a la moda de los soldados de Faraón en la apestosa pintura, a veces a la de los sacerdotes del dios Bel en el antiguo vitral de las iglesias, a veces a la de Hércules afeitado en el sucio tapiz apolillado, donde su portañuela parece tan imponente como su maza?[229]

---

[229] "Soldados de Faraón": persiguiendo a los israelitas hacia el Mar Rojo (*Éxodo*, XIV.23-8). "Sacerdotes del dios Bel": a los que, demostrada su impostura por Daniel, el rey persa mandó matar (*Daniel*, XIV.1-22). "Hércules afeitado": probablemente el joven "Hércules en la encrucijada", tema pictórico bastante difundido; difícilmente se trate de

Conrado:
Todo eso lo veo, y veo que la moda desgasta más ropas que el hombre. Pero ¿no tienes el vértigo de la moda tú también, que te has cambiado de tu cuento a contarme de la moda?[230]

Boracho:
No, tampoco; pero sabe tú que esta noche he cortejado a Margarita, la camarera de la señorita Hero, nombrándola Hero: se me asoma a la ventana de la habitación de su ama, me da mil veces las buenas noches... Cuento muy mal este cuento: primero debería contarte cómo el príncipe, Claudio y mi amo, plantados, parados y en posesión de lo informado por mi amo don Juan, vieron desde lejos en el huerto ese encuentro amigable.[231]

Sansón, "el Hércules bíblico" a quien Dalila "afeitó", pues su arma no era la maza, o del Hércules afeminado por Ónfale, al que se alude en la escena inicial del acto segundo, pues aquí lleva ropa masculina (y contemporánea de Shakespeare, dicho sea de paso). "Portañuela" (*codpiece*): "tira de tela con que se tapa la braguera o abertura que tienen los calzones o pantalones por delante" (DRAE); la forma que tenían en las calzas era algo semejante a la que dan los suspensorios o suspensores de los bailarines clásicos.

[230] "Te has cambiado" (*has shifted out*): como se cambia de ropa.

[231] "Plantados, parados y en posesión...": la aliteración corresponde al original, *planted, placed and possessed*, literalmente "plantados, ubicados e informados", el primer verbo aplicado a los tres y los otros dos sólo al príncipe y Claudio; la sintaxis de Boracho es confusa. "En posesión de lo informado": *possessed*, "en posesión (de la información), informados", pero con el doble sentido de "poseídos (por un demonio)", que se refuerza al comienzo del próximo parlamento de Boracho.

Conrado:
¿Y pensaban que Margarita era Hero?

Boracho:
Dos de ellos sí, el príncipe y Claudio, pero el diablo de mi amo sabía que era Margarita; y en parte por lo que él les había jurado, de lo que estaban desde antes en posesión, en parte por la oscuridad de la noche, que por cierto los engañó, pero principalmente por mi villanía, que por cierto confirmó alguna calumnia que había hecho don Juan, de allí se fue Claudio enfurecido, juró que se encontraría con ella como le habían fijado mañana a la mañana en el templo, y allí, frente a toda la congregación, la avergonzaría con lo que vio a la noche y la enviaría de vuelta a casa sin marido.[232]

Primer guardia:
Quietos, os lo ordenamos en nombre del príncipe.[233]

Segundo guardia:
Llamad al señor alguacil jefe, aquí hemos recubierto

---

[232] Mi villanía, que... confirmó...": del parlamento anterior de Boracho y de éste no surge que él haya subido por una escalera hasta la habitación de la joven, como sí ocurre explícitamente en ambas fuentes principales, Ariosto y Bandello (aunque en el último caso la habitación no pertenece en verdad a la joven); por el contrario, estas palabras parecen indicar que él "confirmó" de palabra, es decir, confesó su supuesta relación con Hero, como afirmará el príncipe en la primera escena del acto cuarto; esto tiende a mitigar un poco la credulidad de Claudio.

[233] Vocabulario tomado de las órdenes recibidas de Zarzal al principio de la escena.

el más peligroso caso de lujuria que jamás se haya conocido en la comunidad.[234]

Primer guardia:
Y un tal Deforme es uno de ellos, lo conozco, tiene un rizo en tirabuzón.[235]

Conrado:
Señores, señores...

Segundo guardia:
Ya os haremos dar a luz a ese Deforme, os lo garantizo.[236]

[Guardia:][237]
Señores, ni una palabra más, os ordenamos nuestra obediencia de venir con nosotros.

---

[234] "Recubierto": *recovered*, "recobrado", por *discovered*, "descubierto"; también los desaguisados lingüísticos de Zarzal han hecho escuela.
[235] "Rizo en tirabuzón" (*lock*): era costumbre llevar junto a la oreja un rizo dedicado a una dama y a menudo ornado con una prenda de amor entregada por ella.
[236] "Dar a luz": *bring... forth*, "extraer (información sobre)" y "parir".
[237] La traducción adopta la menor enmienda posible; en las ediciones en cuarto y en folio *Conr*, "Conrado", en cuya boca evidentemente no puede estar este parlamento; L. Theobald lo corta en dos, atribuyendo la primera palabra a Conrado y el resto a "Segundo guardia"; F. H. Mares y J. C. Meagher postulan que este parlamento y el anterior de Conrado podrían haber estado atribuidos en el manuscrito a *Con.*, por *Constable*, "alguacil", como en algunos casos identifican las ediciones en cuarto y en folio al alguacil jefe Zarzal (que por ende aquí habría regresado), pero que quien primero compuso el texto para la imprenta interpretó que se trataba de Conrado. Casi todas las ediciones modernas hacen alguna rea-

Boracho:
Es probable que obtengamos mucho crédito como mercancía adquirida por cuenta de las alabardas de estos hombres.[238]

Conrado:
Mercancía muy buscada, os lo garantizo.[239] Vamos, os obedeceremos.

(Salen.)

---

signación de parlamentos entre los guardias, quienes parecen estar designados en forma más bien genérica para que la distribución se resuelva en la puesta.

[238] *We are like to prove a goodly commodity, being taken up of these men's bills*, "es probable que resultemos una excelente mercancía, habiendo sido apresados por las alabardas de estos hombres" y "... adquiridos a crédito por los pagarés de estos hombres".

[239] "Muy buscada": *in question*, "buscada, cotizada" y "sometida a investigación judicial".

ESCENA IV

(*Entran Hero, Margarita y Úrsula.*)

Hero:
Mi buena Úrsula, despierta a mi prima Beatriz y solicítale que se levante.

Úrsula:
Voy, señorita.

Hero:
Y pídele que venga.

Úrsula:
Bien.

[*Sale.*]

Margarita:
Palabra, pienso que vuestra otra gorguera estaría mejor.

Hero:
No, te ruego, mi buena Marga, voy a ponerme ésta.

Margarita:
Palabra de honor, no es tan buena, y os garantizo que vuestra prima va a decir lo mismo.

Hero:
Mi prima es una bufona, y tú otra, no voy a ponerme ninguna otra que ésta.

Margarita:
Me gusta el tocado nuevo muchísimo, si tuviera el cabello una pizca más moreno;[240] y vuestro vestido es un modelo extraordinario, a fe. Vi el vestido de la duquesa de Milán que elogian tanto.

Hero:
Ah, ése dicen que sobresale.

Margarita:
Palabra de honor, una bata de noche al lado del vuestro: tela de oro y cortes, y encaje de plata, ornado de perlas, mangas de abajo, mangas perdidas, y faldas, terminadas todo alrededor en brocado azulejo; pero en cuanto al modelo fino, singular, gracioso y excelente, el vuestro vale diez veces más.

Hero:
Dios me dé gozo para lucirlo, pues me pesa sumamente el corazón.

Margarita:
Más va a pesaros pronto con la carga de un hombre.

Hero:
Vaya contigo, ¿no tienes vergüenza?

---

[240] "Tocado": *tire*, que incluía añadido de pelo. Margarita incurre en constantes elisiones y otros signos de nervioso apresuramiento: pasada la medianoche ha estado con Boracho, y según se verá enseguida no son todavía las cinco de la mañana.

Margarita:
¿De qué, señorita? ¿De hablar honorablemente? ¿No es honorable el matrimonio en un mendigo?[241] ¿No es honorable vuestro señor sin el matrimonio? Pienso que querríais oírme decir: "con todo respeto, un marido". Si un mal pensar no asalta a un hablar franco, no voy a ofender a nadie. ¿Hay algún agravio en "más va a pesaros por un marido"? Ninguno, pienso, si se trata del marido legal y la esposa legal; caso contrario, es liviandad y no peso. Preguntadle, si no, a mi señorita Beatriz, aquí viene.

(*Entra Beatriz.*)

Hero:
Buenos días, primita.

Beatriz:
Buenos días, mi dulce Hero.

Hero:
Caramba, ¿qué es esto, habláis con tono de enferma?

Beatriz:
Estoy fuera de cualquier otro tono, me parece.

Margarita:
Pasadnos a "Luz de amor", ésa va sin segunda voz grave; cantadla y yo la bailaré.[242]

---

[241] "Tened todos en gran honor el matrimonio", *Epístola a los hebreos*, XIII.4.
[242] Se extienden los juegos de palabras ya iniciados antes por Marga-

Beatriz:
¡Vos, que sois una luz en amor, con vuestros cascos ligeros! Entonces, si vuestro marido tiene plantas suficientes, ya veréis que no le faltarán retoños.[243]

Margarita:
¡Eh, construcción ilegítima! La rechazo con mis cascos.

Beatriz:
Son casi las cinco, prima; ya sería hora de que estuvierais lista. Palabra de honor, me siento sumamente mal, ay ay.

Margarita:
¿Qué? ¿Un cazador, un cabalgador o un marido?[244]

---

rita con *light* ("luz, liviano, ligero, inmoral") y *heavy* ("pesado, apesadumbrado"), cuya anotación completa requeriría demasiado espacio. "Luz de amor": *Light o' love*, canción popular de la época que también da lugar a un extenso juego de palabras en *Los dos caballeros de Verona*, I.ii; a continuación Beatriz toma ese título en el sentido de "ligera de (cascos en) amor". "Segunda voz grave": *burden*, "estribillo" (aquí segunda voz grave, a cargo de un hombre, que, al ser innecesaria, hace innecesario el acompañamiento de un hombre) y "peso, carga" (sentido que "grave" rescata, aunque menos claramente).

[243] "Plantas... retoños": *stables* ("establos") ... *barns* ("graneros", y paronomástica de *bairns*, "hijos").

[244] Margarita toma el *heigh-ho*, "ay ay", de Beatriz como si fuera el comienzo del título de la balada aludida por ésta en la primera escena del acto segundo, *Heigh-ho for a husband*, "Ay ay, un marido". "Cazador... cabalgador... marido": *hawk... horse... husband* ("halcón... caballo... marido"), todas comenzadas en *h*, letra cuyo nombre se pronunciaba entonces igual que *ache*, "dolor", de donde la respuesta de Beatriz, que la traducción adapta al castellano.

Beatriz:
La consonante que está en todos ellos, la *d* de dolor.

Margarita:
Bueno, si no os habéis convertido en una turca renegada, no hay más navegación según la estrella polar.[245]

Beatriz:
¿Qué quiere decir la bufona, me pregunto?

Margarita:
Yo nada, salvo que Dios envía a todos lo que desean de corazón.

Hero:
Estos guantes me los envió el conde, son de un perfume excelente.[246]

Beatriz:
Me siento hinchada, prima, no puedo respirar bien por el resfrío.

Margarita:
¿Virgen e hinchada? De alguna linda manera os habréis pescado el enfriamiento.[247]

---

[245] "Turca renegada": *Turk*, "turco/a", paradigma de infieles, renegados del cristianismo, como Beatriz parece haber renegado de su "religión" contraria al amor.
[246] Los guantes perfumados eran un regalo típico de enamorados.
[247] El juego de palabras en el original es con *stuffed*, en sus sentidos de "resfriada" y "encinta".

Beatriz:
¡Oh Dios, ayúdame, Dios, ayúdame! ¿Desde cuándo profesáis la caza al vuelo?

Margarita:
Desde que vos la abandonasteis. ¿No me sienta extraordinariamente el ingenio?

Beatriz:
No se alcanza a ver lo suficiente, deberíais ponéroslo en el sombrero. Palabra de honor, estoy enferma.

Margarita:
Conseguíos un poco de ese *carduus benedictus* destilado y aplicáoslo al corazón: es lo único para un desfallecimiento.[248]

Hero:
Ahí la pinchasteis con un cardo.

Beatriz:
¿*Benedictus*, por qué *benedictus*? Tenéis alguna moraleja en ese *benedictus*.

Margarita:
¿Moraleja? No, palabra de honor, no tengo ninguna moraleja que haya querido decir; quise decir lisa y llanamente cardo bendito. Tal vez podríais pensar

---

[248] *Carduus benedictus*: "cardo bendito" en latín, empleado entonces como remedio para muchísimas enfermedades, y juego de palabras con el nombre de Benedicto.

que yo pienso que vos estáis enamorada: no, por
Nuestra Señora, no soy semejante bufona como para pensar lo que se me ocurra, ni se me ocurre pensar lo que no puedo pensar, ni en verdad puedo pensar, si quisiera yo pensar mi corazón fuera del pensamiento, que vos estáis enamorada o que vais a estar enamorada o que sois capaz de estar enamorada; sin embargo Benedicto era igual, y ahora se ha transformado en un hombre: juraba que nunca iba a casarse, y sin embargo ahora, a despecho de su corazón, come su carne sin mala gana; y cómo podríais vos convertiros no lo sé, pero me parece que miráis con vuestros ojos como lo hacen otras mujeres.

Beatriz:
¿Qué paso es el que marca tu lengua?

Margarita:
No un falso galope.[249]

(*Entra* [*de nuevo*] *Úrsula.*)

Úrsula:
Mi señora, abandonad, el príncipe, el conde, el *signior* Benedicto, don Juan y todos los galanes de la ciudad han venido en vuestra búsqueda para llevaros a la iglesia.

---

[249] "Falso galope": el del caballo entrenado, por ende no natural ni auténtico.

Hero:
Ayudad a vestirme, buena primita, buena Marga, buena Úrsula.

[*Salen.*]

ESCENA V

(*Entran Lionato y el alguacil [jefe Zarzal] y el subalguacil [Acíbar].*)

Lionato:
¿Qué querríais de mí, honesto vecino?

Zarzal:
Pardiez, señor, querría tener con vos alguna confidencia que os discierne muy de cerca.[250]

Lionato:
Breve, os ruego, pues ya veis que estoy muy ocupado.

Zarzal:
Pardiez, señor, así es.

Acíbar:
Sí, por cierto así es, señor.

Lionato:
¿De qué se trata, mis buenos amigos?

Zarzal:
El buen Acíbar, señor, se va un poco de tema: está viejo, señor, y no tiene el entendimiento tan desafilado

---

[250] "Confidencia": *confidence*, por *conference*, "conferencia", aunque el desliz no resulta demasiado desacertado para el caso. "Discierne": *decerns*, en lugar de *concerns*, "concierne".

como, Dios mediante, yo desearía que lo tuviera; pero a fe que es honesto como la piel entre sus cejas.[251]

Acíbar:
Sí, gracias a Dios soy tan honesto como cualquier hombre vivo que sea viejo y no más honesto que yo.

Zarzal:
Las comparaciones son odorosas, *pure parole*, vecino Acíbar.[252]

Lionato:
Vecinos, sois tediosos.

Zarzal:
Complace a vuestra señoría decir eso, pero nosotros somos oficiales del pobre duque, pero en verdad, por mi parte, si yo fuera tan tedioso como un rey, de corazón concedería todo a vuestra señoría.[253]

Lionato:
Todo tu tedio a mí, ¿eh?

---

[251] "Desafilado": *blunt*, por *sharp*, "agudo, filoso". "Honesto como la piel entre sus cejas": expresión proverbial; se suponía que los cejijuntos no eran de fiar.

[252] "Odorosas": *odorous*, por *odious*, "odiosas". "*Pure parole*": en el original *palabras*, en castellano, que, junto con la expresión completa "puras palabras", era corriente en la Inglaterra isabelina; la traducción remeda la afectación extranjera a la lengua hablada en la obra, pasando la expresión al idioma del lugar donde transcurre la acción.

[253] "Oficiales del pobre duque": en lugar de "oficiales pobres del duque". Zarzal evidentemente interpreta que *tedious*, "tedioso", significa *rich*, "rico".

Zarzal:
Sí, aunque fuera mil libras más de lo que es; pues tan buena es la exclamación que oigo de vuestra señoría como la de cualquier otro hombre de la ciudad; y aunque yo no sea más que un pobre hombre, me alegra oírla.[254]

Acíbar:
Y a mí también.

Lionato:
Me gustaría saber lo que tenéis para decir.

Acíbar:
Pardiez, señor, anoche nuestra guardia, con todo excepto a vuestra señoría, atrapó a un par de pillos tan consumados como ninguno en Mesina.[255]

Zarzal:
Es un buen viejo, señor, va a seguir hablando; como se dice, a medida que se cumplen más años de ebriedad, se tiene menos entendimiento; Dios nos ayude, todo un mundo para ver; bien dicho, a fe, vecino Acíbar; bien, Dios es un buen hombre; si dos hombres montan un caballo, uno debe ir detrás; un alma

---

[254] "Exclamación": *exclamation*, por *acclamation*, "aclamación, aprobación pública"; en este caso el error produce involuntariamente otro sentido adecuado al caso, "la exclamación (queja en voz alta) que Lionato acaba de hacer", en lugar de "la aclamación que se hace de Lionato (su buena reputación)".

[255] "Con todo excepto a": *excepting*, "con excepción de", por *respecting*, "con todo respeto a".

honesta, señor mío, palabra de honor, como el que jamás haya partido un pan; pero alabado sea Dios, todos los hombres no son iguales, ay, buen vecino.[256]

Lionato:
En verdad, vecino, os queda demasiado corto.

Zarzal:
Dones que Dios da.[257]

Lionato:
Debo dejaros.

Zarzal:
Una palabra, señor: nuestra guardia, señor, ha comprehendido en verdad a dos personas despechosas, y quisiéramos que fueran interrogadas esta mañana ante vuestra señoría.[258]

Lionato:
Hacedles vosotros mismos el interrogatorio y traédmelo; ahora tengo mucha prisa, como podráis observar.

---

[256] "A medida que se cumplen más años de ebriedad, se tiene menos entendimiento": *when the age is in, the wit is out*, "cuando entra la edad, sale el entendimiento", deformación del proverbio *when the ale is in, the wit is out*, "cuando entra la cerveza, sale el entendimiento"; la traducción apela a la proximidad sonora entre "ebriedad" y "edad". Zarzal, con el apresuramiento marcado por la ligera puntuación, amontona proverbios y frases hechas.

[257] La aliteración recrea la del original: *Gifts that God gives*.

[258] "Comprehendido": *comprehended*, por *apprehended*, "aprehendidos". "Despechosas": *aspicious*, que suena a deformación de *auspicious*, "auspiciosas", en lugar de *suspicious*, "sospechosas".

Zarzal:
Eso será sufimiente.²⁵⁹

Lionato:
Bebed un poco de vino antes de iros, que os vaya bien.

[*Entra un mensajero.*]

Mensajero:
Mi señor, están aguardándoos para que entreguéis a vuestra hija a su marido.

Lionato:
Voy a atenderlos, estoy listo.

(*Sale* [*con el mensajero*].)

Zarzal:
Idos, buen compañero, idos a buscar a Francisco Carbone, pedidle que traiga pluma y tintero a la cárcel: ahora tenemos que interrogatoriar a esos hombres.²⁶⁰

---

²⁵⁹ "Sufimiente": *suffigance*, por *sufficient*, "suficiente".
²⁶⁰ "Francisco Carbone": *Francis Seacoal*; J. O. Halliwell lo identifica con el *George Seacoal*, "Jorge Carbone", de la guardia, pero parece más probable que ambos sean luego dos personajes distintos en la escena del interrogatorio, segunda del acto cuarto. "Interrogatoriar": *to examination*, transformación en verbo del sustantivo que empleó Lionato, "interrogatorio", en lugar de la forma verbal correspondiente, *to examine*, "interrogar".

Acíbar:
Y debemos hacerlo entendidamente.

Zarzal:
No vamos a ahorrarnos nada de entendimiento, os lo garantizo: aquí hay lo que ha de llevar a algunos de ellos a un estado de confunción, vos sólo buscad al sabio escribiente para que tome nota de nuestro interrogante y reuníos conmigo en la cárcel.[261]

(*Salen.*)

---

[261] "Estado de confunción": *non-come*, literalísimamente "no-venido", probablemente una mezcla de *non-plus* (del latín "no más"), "estado de perplejidad, confusión", aún hoy en uso como verbo, "dejar perplejo", y *non compos (mentis)*, en latín "no dueño (de su mente), que perdió el juicio". "Interrogante": *excommunication*, "excomunión", en lugar de *examination*, "interrogatorio".

ACTO IV

ESCENA I

(*Entran el príncipe [don Pedro], [don Juan el] bastardo, Lionato, fray [Francisco], Claudio, Benedicto, Hero y Beatriz [con acompañantes].*)

Lionato:
Vamos, fray Francisco, sed breve, sólo la simple fórmula de casamiento, y habéis de referirles sus deberes particulares después.

Fray Francisco:
Venís aquí, mi señor, a desposar a esta señorita.

Claudio:
No.

Lionato:
A ser desposado con ella, fraile: vos sois el que viene a desposarla.[262]

---

[262] Lionato prefiere suponer que Claudio se atreve a hacer un chiste sobre el doble régimen del verbo *to marry*, "desposar".

Fray Francisco:
Señorita, venís aquí a ser desposada con este conde.

Hero:
Sí.

Fray Francisco:
Si alguno de los dos conoce algún impedimento íntimo por el cual no deberíais uniros, os ordeno por vuestras almas que lo manifestéis.

Claudio:
¿Conocéis vos alguno, Hero?

Hero:
Ninguno, mi señor.

Fray Francisco:
¿Conocéis vos alguno, conde?

Lionato:
Me atrevo a dar su respuesta, ninguno.

Claudio:
¡Oh, a lo que se atreven los hombres! ¡Lo que pueden hacer los hombres! ¡Lo que hacen diariamente sin saber lo que hacen![263]

Benedicto:
¿Cómo, interjecciones? Caramba, entonces que algunas sean de risa, como ah, ja, je.

---

[263] Irónicamente, lo que está a punto de hacer él mismo.

Claudio:
Momento, fraile. Padre, con el permiso vuestro,
¿Queréis vos con un alma libre y sin restricciones
Entregarme a esta virgen, hija vuestra?

Lionato:
Libremente, hijo, como me la ha entregado Dios.

Claudio:
¿Y qué puedo entregaros yo a cambio, cuyo precio
Pueda contrapesar un don tan rico y caro?

Don Pedro:
Nada, salvo a ella misma, si se la devolvieseis.

Claudio:
Me enseñáis, mi buen príncipe, la noble gratitud:
Tomad aquí, Lionato, de vuelta a la hija vuestra.
No deis esta naranja podrida a vuestro amigo,
No es más que la apariencia y el cartel de su honor.
¡Mirad, como una virgen aquí se ruboriza!
¡Ah, con qué autoridad y muestras de verdad
Es capaz el astuto pecado de cubrirse!
¿Esa sangre no viene como modesta prueba
A atestiguar la simple virtud? ¿No pensaríais,
Todos los que la veis, que ella es sin duda virgen,
Por las muestras externas? Pero en verdad no lo es,
Pues conoce el calor de un lecho lujurioso:
Es culpabilidad su rubor, no modestia.

Lionato:
¿Qué es lo que pretendéis, mi señor?

Claudio:

                                  No casarme,
No unir mi alma con una libertina probada.

Lionato:
Caro señor, si vos, por vuestra propia prueba,
Habéis su resistencia juvenil conquistado
Logrando la derrota de su virginidad...

Claudio:
Sé qué vais a decir: si yo la he conocido,[264]
Diréis que me abrazó como a esposo, de modo
Que atenuáis el pecado de la anticipación.
No, Lionato,
Yo jamás la tenté con palabras muy amplias,
Sino que, como haría con su hermana un hermano,
Mostré franqueza tímida y un agradable amor.

Hero:
¿Y acaso alguna vez yo os parecí otra cosa?

Claudio:
¡Bah, tú y tu parecer, voy a escribir contra eso![265]
A mí me parecéis como Diana en su esfera,
Casta como un capullo sin florecer aún;
Pero en la sangre vos sois más inmoderada
Que Venus, o más que esos animales mimados
Que se enfurian en una sensualidad salvaje.

---

[264] "He conocido": sexualmente, como en "Conoció el hombre a Eva, su mujer, la cual concibió y dio a luz a Caín", *Génesis*, IV.1.
[265] "Escribir" (*write*): presumiblemente con la idea de "exponer públicamente".

Hero:
¿Está bien mi señor, que habla tan vastamente?

Lionato:
¿Por qué, querido príncipe, no habláis vos?

Don Pedro:
                    ¿Qué he de hablar?
Me siento deshonrado por intentar la unión
De mi preciado amigo con una vulgar zorra.

Lionato:
¿Se está hablando todo esto, o estoy sólo soñando?

Don Juan:
Se está hablando, señor, y todo esto es verdad.

Benedicto:
Esto no tiene aspecto de nupcias.

Hero:
                    ¿Verdad? ¡Dios!

Claudio:
Lionato, ¿estoy yo aquí?
¿Es acaso éste el príncipe? ¿Y éste, hermano del
    [príncipe?
¿Este rostro es el de Hero? ¿Son nuestros nuestros
    [ojos?

Lionato:
Todo eso es así, pero, mi señor, ¿qué hay con eso?

Claudio:
Dejad que haga a vuestra hija yo una sola
 [pregunta,
Y por vuestro poder paterno y natural
Sobre ella, que responda la verdad requeridle.

Lionato:
Yo te ordeno que lo hagas, como que tú eres mi hija.

Hero:
¡Oh, que Dios me proteja, de qué modo me
 [asedian!
¿Cómo llamáis vos a esta suerte de catecismo?[266]

Claudio:
Hacer que a vuestro nombre de verdad
 [respondáis.[267]

Hero:
¿No es Hero, acaso? ¿Quién puede ensuciar tal
 [nombre
Con un reproche justo?

Claudio:
                        Pardiez, Hero puede eso,
Hero mismo ensuciar la virtud de Hero puede.[268]

---

[266] "Catecismo": por su forma de preguntas y respuestas, esto es, "interrogatorio".
[267] La primera pregunta en el catecismo anglicano es *what is your name*, "cómo os llamáis, cuál es vuestro nombre".
[268] "Hero mismo" (*Hero itself*): el propio nombre Hero.

¿Qué hombre era ése que estuvo con vos hablando
 [anoche
Entre las doce y una junto a vuestra ventana?
Bien, ahora, si sois virgen, responded la pregunta.

Hero:
Mi señor, yo no hablé con ningún hombre a esa hora.

Don Pedro:
No sois ninguna virgen vos entonces. Lionato,
Lamento que debáis oírlo: por mi honor
Que mi hermano, yo mismo y este dolido conde
La vimos, sí, la oímos, a esa hora de la noche,
Hablar con un rufián en su propia ventana,
Quien por cierto como un villano lengua suelta
Nos confesó los viles encuentros que tuvieron
En secreto mil veces.

Don Juan:
              Bah, bah, no es necesario
Nombrarlos, mi señor, ni hablar sobre esos temas;
No existe en el lenguaje castidad suficiente
Para que referirlos no ofenda. Linda dama,
Lamento por lo tanto vuestro gran desgobierno.

Claudio:
¡Ay, Hero, ay, Hero, qué Hero podrías haber sido,[269]

---

[269] El nombre Hero coincide en inglés con el sustantivo *hero*, "héroe", pero sólo en género masculino; no es a eso, por ende, a lo que alude Claudio, sino a la Hero de la antigua leyenda griega, quien se mató por su fiel amor a Leandro, por lo que su nombre era emblema de amor fiel.

Si vistieran mitad de tus externas gracias
Tu mente y los consejos de ese tu corazón!
Mas que te vaya bien, la más vil y más bella,
Adiós, impiedad pura, y adiós, pureza impía,
Por ti voy a cerrar las puertas del amor,
Y penderá en mis párpados la conjetura, que haga
De cualquier hermosura pensamientos de daño,
Así no vuelve a ser agraciada jamás.[270]

Lionato:
¿No hay aquí algún puñal que me ofrezca su punta?

[*Hero se desvanece.*]

Beatriz:
Caramba, prima, ¿qué hay, por qué os dejáis caer?

Don Juan:
Vámonos, estas cosas salidas a la luz
Le extinguen el espíritu.

[*Salen don Pedro, don Juan y Claudio.*]

Benedicto:
¿Qué tal la señorita?

Beatriz:
                    Muerta, creo. ¡Ayudadme,
Tío! ¡Ay, Hero! ¡*Signior* Benedicto! ¡Fraile! ¡Hero!

---

[270] "La más vil y más bella": remedo de la aliteración en el original, *most foul, most fair*, "la más sucia, la más bella". "Puertas del amor": los sentidos, y en particular la vista. "Conjetura" (*conjecture*): duda, sospecha.

Lionato:
No quitéis tu pesada mano de aquí, ¡oh Destino!
La muerte es el mejor abrigo de su oprobio
Que pueda desearse.

Beatriz:
                    Prima Hero, ¿cómo estáis?

Fray Francisco:
Ánimo, señorita.

Lionato:
                    ¿Y alzas ahora la vista?[271]

Fray Francisco:
Sí, ¿por qué no iba a hacerlo?

Lionato:
¿Por qué? Caray, ¿no clama cada una de las cosas
De la tierra su oprobio? ¿Podría ella negar
La historia que en la sangre tiene impresa ahora aquí?
No vivas, Hero, no, no abras los ojos, no;
Porque si yo pensara que no has de morir pronto,
De pensar que es más fuerte que tu oprobio tu
          [espíritu,
Yo mismo, a retaguardia de todos los reproches,[272]

---

[271] Hero mira al cielo, como quien se siente libre de culpa. En la narración de M. Bandello que sirvió de fuente para esta obra, la familia de la muchacha jamás desconfía de ella.

[272] "Retaguardia... reproches": la aliteración reproduce la del original, *rearward... reproaches*. Imagen militar: los reproches serían la vanguardia del ataque.

Tu vida atacaría. ¿Sentí tener sólo una?
¿Reprendí por frugal a la naturaleza?
Ay, una es demasiado por ti. ¿Por qué tuve una?
¿Por qué siempre a mis ojos fuiste digna de amor?
¿Por qué con una mano caritativa un día
No recogí a mis puertas la cría de un mendigo,
Que mancillada así y enlodada de infamia,
Yo podría haber dicho: "No hay nada mío en ella,
Este oprobio deriva de ingles que no conozco"?[273]
Mas la mía, y la mía que amé, la que elogié,
Y la mía de quien me jactaba, tan mía
Que no era ni yo mismo para mí mismo mío,[274]
Pues me preciaba de ella, sí, ella, ay, ella cayó
En un pozo de tinta, tal que el ancho mar todo
Tiene muy pocas gotas para dejarla limpia
Y muy escasa sal para darle sazón
A su carne corrupta.

Benedicto:
                  Señor, señor, calmaos.
Por mi parte estoy tan revestido de asombro
Que no sé qué decir.[275]

Beatriz:
Ah, por mi alma que mienten con respecto a mi
    [prima.

---

[273] La sintaxis algo desprolija, que evidencia la alteración de Lionato, corresponde al original.
[274] La aliteración en *m* corresponde al original, aunque en la traducción es más profusa.
[275] Parlamento alineado en verso por A. Pope; en las ediciones en cuarto y en folio, dispuesto como prosa.

Benedicto:
Señorita, ¿dormisteis vos en su cama anoche?

Beatriz:
No, la verdad que no; sin embargo hasta anoche
He dormido los últimos doce meses con ella.[276]

Lionato:
Es la confirmación, oh sí, eso hace aun más fuerte
Lo que estaba encerrado con costillas de hierro.
¿Iban pues los dos príncipes, iba Claudio a mentir,
El que la amaba tanto que al hablar de sus
      [manchas
Las lavaba con lágrimas? Fuera con ella, muera.

Fray Francisco:
Escuchadme un momento,
Porque yo sólo estuve tanto tiempo callado
Y dejé continuar su curso a esta fortuna
Por notar a la dama. Y he podido observar[277]
Que mil apariciones del rubor comenzaban

---

[276] Lewis Carroll, en una carta de 1883 a Ellen Terry, quien a la sazón estaba representando el papel de Beatriz en teatro, planteó ciertas inconsistencias a este respecto: ¿cómo se habrá arreglado Boracho, según le prometió a don Juan, para lograr que Hero no durmiese en su habitación?; ¿por qué Hero, cuando Claudio le pregunta con quién habló la noche anterior por su ventana, no contesta que no durmió en su habitación, lo que podría ser atestiguado como mínimo por Margarita?; ¿por qué Beatriz, que ha dormido con Hero los últimos doce meses y por ende ha de saber de ese cambio de la noche anterior, no lo manifiesta ahora?

[277] Hasta aquí el texto de este parlamento aparece dispuesto como prosa en las ediciones en cuarto y en folio; a partir de N. Rowe, a quien sigue al respecto la traducción, ha sido distribuido en verso de distintas maneras.

En su semblante, mil inocentes vergüenzas
De angelical blancura que a ese rubor vencían,
Y en sus ojos hacía su aparición un fuego
Que quemaba el error que alegan estos príncipes
Contra su virginal verdad. Bufón llamadme,
No os fiéis de mi lectura ni de mi observación,
Que autorizan con sello que la experiencia otorga
El tenor de mi libro; no confiéis en mis años,
Mi dignidad, llamado, ni en mi divinidad,
Si nuestra señorita no está libre de culpa
Bajo un mordaz error.[278]

Lionato:
                      Fraile, no puede ser,
Ya ves tú que la gracia que le queda tan sólo
Es que no va a agregar a su condenación
Pecado de perjurio, porque ella no lo niega.
¿Por qué buscas tú entonces cubrir con una excusa
Aquello que en su clara desnudez aparece?

Fray Francisco:
Señorita, ¿con qué hombre resultáis acusada?

Hero:
Lo sabrán los que acusan, yo no sé de ninguno.
Si yo conozco más a cualquier hombre vivo
De lo que la modestia virginal autoriza,
Que todos mis pecados no hallen clemencia. Oh,
    [padre,

---

[278] "El tenor de mi libro": lo que ha estudiado en los libros y aprendido de la experiencia. "Llamado": vocación.

Probad que cualquier hombre conmigo ha
    [conversado
A horas inadecuadas, o bien que anoche yo
Intercambié palabras con alguna criatura,
Y odiadme, rechazadme, torturadme a morir.

Fray Francisco:
De algún extraño modo se equivocan los príncipes.

Benedicto:
Dos de ellos tienen clara propensión al honor,
Y si es que su buen juicio fue llevado a engañarse,
La maña del asunto vive en Juan el bastardo,
Cuyo ánimo se esfuerza por fraguar villanías.[279]

Lionato:
No sé; si dicen de ella sólo verdad, habrán
De trizarla estas manos; si le agravian su honor,
El más altivo de ellos sobre eso habrá de oír.
El tiempo todavía no ha secado mi sangre,
Ni la edad se ha tragado mi poder de invención,
Ni la fortuna ha hecho tal estrago en mis medios,
Ni por mi mala vida me faltan tanto amigos,
Que no hayan de encontrar, despiertos en tal frente,
Fuerza de miembros más política de mente,[280]

---

[279] "Bastardo": primera explicitación de ese dato en escena.
[280] "En tal frente": *in such a kind*, literalmente "de tal suerte"; la rima algo inesperada de este verso con el siguiente, reproducida por la traducción, ha dado a suponer que podría haber aquí una errata. "Política": *policy*, palabra que entonces, por influencia de la lectura de Maquiavelo, tenía mayormente connotación negativa.

Capacidad de medios y selección de amigos,
Para vengarme de ellos por completo.

Fray Francisco:

                                              Aguardad,
Dejaos en el caso llevar por mi consejo:
A vuestra hija los príncipes la dejaron por muerta,[281]
Dejad que esté en secreto durante un tiempo oculta
Y haced creer en público que de veras ha muerto;
Guardad la ostentación que corresponde al luto,
Y en el viejo panteón de la familia vuestra
Luctuosos epitafios colgad, y haced los ritos
Que siempre forman parte de un entierro.

Lionato:
¿Qué saldrá de todo eso? ¿Qué es lo que eso va a
    [hacer?

Fray Francisco:
Pardiez, si es bien llevado, cambiará la calumnia
Por el remordimiento, y eso ya es algo bueno;
Más no por eso sueño yo en este extraño curso,

---

[281] *Your daughter here the princes left for dead*, según la enmienda de L. Theobald universalmente adoptada; en las ediciones en cuarto y en folio, *Your daughter here the princesse (left for dead)*, "Vuestra hija la princesa (dejada aquí por muerta)"; el fraile ha incluido antes al conde Claudio entre "los príncipes", y quizá podría llamar ahora similarmente a Hero "princesa", aunque a la hija de un gobernador le cabe aún menos tal título que a un conde; así, además de la posibilidad de que se trate de una errata, se ha conjeturado que *princesse* podría haber sido la grafía de Shakespeare para *princes*, "príncipes", y que el compositor de la imprenta interpretó "princesa" y agregó los paréntesis para dar sentido a la frase en consecuencia.

Porque en estos trabajos espero un mayor parto:[282]
Muerta ella, como en público deberá sostenerse,
Al instante siguiente de haber sido acusada
Será compadecida, sentida y excusada[283]
Por todo el que se entere, pues suele suceder
Que a aquello que tenemos no le damos valía
Mientras lo disfrutamos, pero una vez que falta,
Entonces estiramos su valor, descubrimos
La virtud que tenerlo no nos iba a mostrar
Mientras fue nuestro;[284] así va a suceder con Claudio:
Cuando oiga que ella ha muerto por las palabras
 [de él,
La idea de ella viva se le ha de deslizar
Dentro de los afanes de su imaginación,
Y cada órgano que ella tenía amable en vida
Ha de llegar vestido de más preciosos hábitos,
Más enternecedor y más lleno de vida,
A sus ojos y a toda perspectiva de su alma,
Que cuando ella vivía; y allí ha de lamentarse,
Si alguna vez en su hígado se ha asentado el amor,[285]
Y de desear jamás haberla así acusado,
No, por más que él pensara veraz su acusación.
Sea así, y no dudéis de que el acontecer
Va a modelar los hechos en una mejor forma
De la que soy capaz de estimar yo probable.
Mas si todo otro blanco fuese mal apuntado,

[282] "Trabajos": *travail*, que, además de aludir aquí al trabajo de parto, era entonces también grafía de *travel*, "viaje", sentido que se asocia con "extraño curso" en verso anterior.
[283] Otra rima algo extemporánea, *accused / excused* en el original.
[284] Noción proverbial.
[285] "Hígado": considerando entonces asiento del amor.

Ya la suposición de que la dama ha muerto
Va a apagar el asombro causado por su infamia.
Y si no sale bien, aún podréis mantenerla,
Como cuadra mejor a su herido renombre,
Oculta en una vida reclusa y religiosa
Fuera de toda vista, lengua, mente e injuria.

Benedicto:
Dejad, *signior* Lionato, que el fraile os aconseje,
Y aunque vos bien sabéis qué intimidad y afecto
Hay en mi relación hacia el príncipe y Claudio,
No obstante, por mi honor, en esto he de guardar
Tan fielmente el secreto como lo hace vuestra alma
Con vuestro cuerpo.

Lionato:
                      Puesto que floto en el dolor,
El menor hilo puede conducirme.

Fray Francisco:
   Está bien consentido, vámonos sin demora;
Extraños males suelen tratarse extrañamente,[286]
   Morid para vivir, que esta boda, señora,
Tal vez sólo se aplaza; soportad, sed paciente.

(*Salen* [*todos menos Benedicto y Beatriz*].)

Benedicto:
Señorita Beatriz, ¿habéis llorado todo este tiempo?

---

[286] Noción proverbial; la aliteración en "extraños... tratarse extrañamente" remeda la del original, *strange... strangely... strain*. Este cuarteto rimado lleva a su pico final la gravedad del verso que marca esta escena, para dar paso nuevamente a la prosa.

Beatriz:
Ajá, y voy a seguir llorando más tiempo todavía.

Benedicto:
Yo no querría eso.

Beatriz:
No tenéis ninguna razón, lo hago libremente.

Benedicto:
Creo por cierto que vuestra bella prima está siendo agraviada.

Beatriz:
¡Ah, cuánto podría merecer de mí el hombre que la desagraviase!

Benedicto:
¿Hay algún camino para mostrar tal amistad?

Beatriz:
Un camino liso y llano, pero no tal amigo.

Benedicto:
¿Es algo que pueda hacer un hombre?

Beatriz:
Es oficio de un hombre, pero no vuestro.[287]

---

[287] El camino sería desafiar al calumniador y vencerlo en la lid, pero eso corresponde a alguien de la familia o íntimamente relacionado con ella, y no a alguien ajeno y además amigo del calumniador; de allí que a continuación Benedicto cambie de tema hacia algo que lo vincularía

Benedicto:
No amo nada en el mundo como a vos, ¿no es extraño?[288]

Beatriz:
Tan extraño como lo que no conozco. Sería igualmente posible para mí decir que no amo nada como a vos, pero no me creáis; y sin embargo no miento, no confieso nada, ni tampoco niego nada. Estoy apenada por mi prima.

Benedicto:
Por mi espada, Beatriz, que tú me amas.[289]

Beatriz:
No juréis y tragáoslo.[290]

Benedicto:
Voy a jurar por ella que me amáis, y voy a hacérsela tragar al que diga que no os amo.[291]

---

familiarmente con Hero, aunque, como se verá enseguida, él no sabe exactamente qué espera Beatriz.

[288] "No amo nada... como a vos": la declaración, que Beatriz repite, tiene un deliberado toque de ambigüedad, "os amo más que a nada" y "os amo igual que a nada", es decir, "no os amo nada".

[289] "Espada": última defensa del honor de un hombre, y además con forma de cruz, apropiada para jurar; acaso pueda estar sugerido también un doble sentido sexual.

[290] *Do not swear, and eat it*, según la edición en cuarto, esto es, "no juréis y tragaos el juramento", según la expresión proverbial "tragarse las propias palabras"; en la edición en folio, *do not swear by it, and eat it*, "no juréis por ella y tragáosla".

[291] "Hacérsela tragar": esto es, le clavará la espada de modo que el cuerpo del otro la "tragará".

Beatriz:
¿No vais a tragaros vuestra palabra?[292]

Benedicto:
Con ninguna salsa que pueda idearse para ella; protesto que te amo.

Beatriz:
Caramba, pues que Dios me perdone.

Benedicto:
¿Qué ofensa, querida Beatriz?

Beatriz:
Me habéis detenido en feliz momento, estaba a punto de protestar que os amaba.[293]

Benedicto:
Y hazlo con todo tu corazón.

Beatriz:
Os amo con tanto de mi corazón que no me queda nada para protestar.[294]

Benedicto:
Vamos, pídeme que haga cualquier cosa por ti.

---

[292] La traducción pierde la proximidad fonética entre *sword*, "espada", y *word*, "palabra".
[293] Si él no se hubiera anticipado, ella habría faltado al decoro femenino tomando la iniciativa.
[294] "Protestar": *protest*, antes en el sentido de "afirmar" y aquí en el de "quejarse".

Beatriz:
Mata a Claudio.[295]

Benedicto:
Ja, ni por todo el ancho mundo.

Beatriz:
Me matáis al negaros. Adiós.

Benedicto:
Espera, querida Beatriz.

Beatriz:
Ya me he ido, aunque esté aquí; no hay amor en vos; no, os lo ruego, dejadme ir.

Benedicto:
Beatriz...

Beatriz:
A fe, me voy.

Benedicto:
Antes seamos amigos.

---

[295] *Kill Claudio*, que también podría traducirse "matad a Claudio", puesto que el pronombre de segunda persona no está explícito en el imperativo y Beatriz no se dirige a Benedicto en ninguna otra parte de la obra con el trato de confianza (*thou*, "tú"); pero este punto climático y de máximo acercamiento en la relación entre ambos bien admite la variación.

Beatriz:
Os atrevéis más fácilmente a ser mi amigo que a pelear con mi enemigo.

Benedicto:
¿Es Claudio tu enemigo?

Beatriz:
¿No ha probado él en lo más alto que es un villano, que ha calumniado, despreciado, deshonrado a mi parienta? ¡Ah, si yo fuera un hombre! ¡Cómo, llevarla de la mano hasta llegar a tomarse de las manos, y entonces, con una acusación pública, calumnia desembozada, rencor no mitigado...! ¡Oh Dios, si yo fuera un hombre! Me comería el corazón de él en la plaza del mercado.

Benedicto:
Óyeme, Beatriz.

Beatriz:
Que habló junto a su ventana con un hombre, linda historia.

Benedicto:
No, pero Beatriz...

Beatriz:
¡Querida Hero! ¡Agraviada, calumniada, deshecha!

Benedicto:
Beat...

Beatriz:
¡Príncipes y condes! ¡Sin duda, qué testimonio principesco, qué lindo esconde, esconde confite, qué dulce galán, sin duda![296] ¡Ah, si yo fuera un hombre sólo por él, o si tuviera un amigo que fuera hombre por mí! Pero la hombría está disuelta en cortesías, el valor en cumplidos, y los hombres sólo están convertidos en lengua, y en lenguas refinadas además: ahora es tan valiente como Hércules el que sólo dice una mentira y la jura. Yo no puedo ser hombre con desearlo, por lo tanto voy a morir mujer con pesar.

Benedicto:
Espera, buena Beatriz. Por esta mano que te amo.

Beatriz:
Empleadla por mi amor de algún otro modo que jurando por ella.

Benedicto:
¿Pensáis en el fondo de vuestra alma que el conde Claudio ha agraviado a Hero?

Beatriz:
Claro, tan cierto como que tengo pensamiento y alma.

Benedicto:
Suficiente, me comprometo, voy a desafiarlo. Voy a

---

[296] "Qué lindo esconde": *goodly count*, "conde lindo" y "lindo cuento". "Esconde confite": *Count Comfect*, "Conde Confite" y "cuento elaborado".

besaros la mano, y con esto me despido de vos. Por esta mano que Claudio ha de rendirme caras cuentas.[297] Según oigáis de mí, así pensad de mí. Id, consolad a vuestra prima; debo decir que ha muerto; y con esto, adiós.

[*Salen.*]

---

[297] "Esta mano": ahora la de ella, antes juró por la de él. "Cuentas": *account,* palabra en que resuenan los recientes juegos de palabras de Beatriz con *count*, "conde" y "cuento".

ESCENA II

(*Entran los alguaciles* [*Zarzal y Acíbar*] *y el* [*custodio como*] *escribano municipal en togas, Boracho*[, *Conrado y la guardia*].)[298]

Zarzal:
¿Tenemos ya nuestra disamblea completa?[299]

Acíbar:
Ah, un taburete y un cojín para el custodio.

Custodio:
¿Quiénes serían los malfacientes?[300]

Zarzal:
Pardiez, ésos somos yo y mi compañero.

Acíbar:
No, si eso es seguro, tenemos el descargo de interrogar.[301]

---

[298] "Escribano municipal": presumiblemente el Francisco Carbone mencionado en la quinta escena del acto tercero.

[299] "Disamblea": *dissembly*, en lugar de *assembly*, "asamblea", por contaminación de *dissemble*, "disimular, encubrir"; hay testimonios de la época sobre el uso intencional de esta "errata", no involuntario como en el caso de Zarzal.

[300] "Malfacientes": *malefactors*, "malhechores", término al parecer demasiado técnico para Zarzal y Acíbar, que tal vez lo interpretan en el sentido de *factors*, "agentes".

[301] "Descargo": *exhibition*, "exhibición, demostración", quizá en lugar de *commission*, "encargo", el de Lionato de que hicieran ellos el interrogatorio.

Custodio:
¿Pero quiénes son los ofensores que deben ser interrogados? Que vengan ante el alguacil jefe.

Zarzal:
Sí, pardiez, que vengan ante mí. ¿Cómo os llamáis, amigo?

Boracho:
Boracho.

Zarzal:
Os ruego que escribáis Boracho. ¿Y vos, señorito?[302]

Conrado:
Soy un caballero, señor, y me llamo Conrado.

Zarzal:
Escribid señor caballero Conrado. Señores, ¿vosotros servís a Dios?

Conrado y Boracho:
Sí, señor, eso esperamos.

Zarzal:
Escribid que esperan servir a Dios; y escribid Dios primero, pues Dios no permita que Dios no vaya an-

---

[302] "Señorito": *sirrah*, deformación de *sir*, "señor", que se empleaba para dirigirse afectuosamente a un inferior o, más a menudo, despectivamente a un no inferior, como aquí, de donde la respuesta de Conrado.

tes que semejantes villanos.³⁰³ Señores, ya está probado que sois poco menos que pillos mentirosos, y pronto va a estar cerca de que se piense tal cosa. ¿Cómo respondéis por vosotros mismos?

Conrado:
Pardiez, señor, decimos que no somos nada de eso.

Zarzal:
Qué sujeto maravillosamente ingenioso, os aseguro, pero ya voy a ocuparme de él. Venid vos aquí, señorito, una palabra al oído: señor, os digo que se piensa que sois unos pillos mentirosos.

Boracho:
Señor, yo os digo que no somos nada de eso.

Zarzal:
Bien, haceos a un lado. Por Dios que están los dos en un mismo cuento. ¿Habéis escrito que no son nada de eso?

Custodio:
Alguacil jefe, no estáis siguiendo el camino de un interrogatorio, tenéis que llamar delante a la guardia, ellos son los acusadores.

---

303 El parlamento anterior y lo que va de éste no aparecen en la edición en folio, probablemente a raíz del acta de 1606 contra la profanidad en el teatro.

Zarzal:
Claro, pardiez, ése es el menor camino;[304] que venga delante la guardia. Señores, os ordeno, en nombre del príncipe, que acuséis a estos hombres.

Primer guardia:
Este hombre dijo, señor, que don Juan, el hermano del príncipe, era un villano.

Zarzal:
Escribid el príncipe Juan un villano. Caramba, eso es claro perjurio, llamar villano al hermano de un príncipe.

Boracho:
Alguacil jefe...

Zarzal:
Silencio, por favor, camarada; no me gusta tu aspecto, te lo prometo.

Custodio:
¿Qué más le oísteis decir?

Segundo guardia:
Pardiez, que había recibido mil ducados de don Juan por acusar a la señorita Hero agraviantemente.

---

[304] "Menor" (en lugar de "mejor"): *eftest*, superlativo de *eft*, forma obsoleta de *aft* con el sentido de "parte trasera"; la idea sería pues algo así como "el más posterior", "el más lento", aunque la intención es decir exactamente lo contrario.

Zarzal:
Claro robo como jamás se haya cometido.

Acíbar:
Sí, por la misa, eso es.

Custodio:
¿Qué más, camarada?

Primer guardia:
Y que, a partir de sus palabras, el conde Claudio pretendía desgraciar a Hero ante la entera asamblea y no desposarla.

Zarzal:
¡Ah, villano! Por eso vas a ser condenado a la redención eterna.[305]

Custodio:
¿Qué más?

Guardia:
Eso es todo.

Custodio:
Y eso, señores, es más que lo que podéis negar: el príncipe Juan esta mañana se ha escapado a hurtadillas; Hero fue acusada de esa manera, repudiada de esa mismísima manera, y por el dolor que eso le causó murió súbitamente. Alguacil jefe, que aten a estos

---

[305] "Redención": *redemption*, en lugar de *damnation*, "condenación".

hombres y los lleven donde Lionato; yo voy delante a mostrarle el interrogatorio.

[*Sale.*]

Zarzal:
Vamos, que se opine de ellos.[306]

[Conrado:][307]
Que caigan en manos del petimetre.

Zarzal:
Dios me guarde, ¿dónde está el custodio? Que escriba el oficial del príncipe petimetre. Vamos, atadlos, maldito sirviente.

Conrado:
Fuera, sois un asno, sois un asno.

---

[306] "Se opine": *be opinied*, que actualmente, obsoleto el verbo *to opinion*, puede sonar a errata zarzaliana por *be opinionated*, "sean testarudos".

[307] Atribución según L. Theobald; en la edición en cuarto, *Couley*, por Richard Cowley, actor que primero tuvo a cargo el papel de Acíbar; en la edición en folio, *Sex*. (*Sexton*), "custodio"; pero éste, como se comprobará en el siguiente parlamento, se ha retirado, y aquél no llamaría al guardia *coxcomb*, "petimetre", como sucede aquí; la confusión originaria podría provenir de la similitud entre encabezamientos de parlamento como *Const.* (*Constable*), "alguacil" (Zarzal), *Conr.* (*Conrade*), "Conrado", y *Cou.* (*Couley*), por "Acíbar"; la enmienda adoptada en la traducción es la que introduce el menor cambio a la edición en cuarto entre las numerosas que han sido propuestas, que incluyen la partición de este parlamento en dos y pequeñas modificaciones al texto.

Zarzal:
¿No sospecháis mi puesto? ¿No sospecháis mis años?[308] ¡Ah, si estuviera él aquí para escribir un asno! Pero señores, recordad que soy un asno, aunque no esté escrito, igual recordad que soy un asno; no, villano, tú estás lleno de piedad, como se te ha de probar con buenos testigos; yo soy un tipo sensato, y lo que es más, un oficial, y lo que es más, un dueño de casa, y lo que es más, un lindo pedazo de carne como no hay otro en Mesina, y uno que conoce bien la ley, vamos, y un tipo bastante rico, vamos, y un tipo que ha tenido pérdidas, y que tiene dos togas y todas las cosas hermosas con él. ¡Lleváoslo! ¡Ah, si hubiera quedado escrito yo asno!

(*Salen.*)

---

[308] "Años": *years*, de pronunciación muy similar a *ears*, "orejas", lo cual podría ser un juego de palabras involuntario de Zarzal, que acaba de ser llamado asno.

ACTO V

ESCENA I

(*Entran Lionato y su hermano* [*Antonio*].)

Antonio:
Si continuáis así, terminaréis matándoos,
Y no es nada sensato secundar el dolor
En vuestra propia contra.

Lionato:
                    Por favor, sin consejos,
Que en mis oídos caen tan infructuosamente
Como agua en un tamiz; no me des más consejos,
Y que ningún consuelo mis oídos deleite
Si no es de quienes sufren agravios como el mío.
Tráeme a un padre que haya tanto amado a su niña,
Con su gozo por ella destruido como el mío,
Y pídele que me hable de paciencia;
Que haya aguantado un golpe tan hondo como el
      [mío,
Y hacedlo responder acorde por acorde,
Esto por esto y tal pesar por tal pesar,
En cada lineamiento, sección, aspecto y forma.[309]

---

[309] "Acorde": *strain*, "tensión, agotamiento emotivo" y "compás, acorde".

Si un tal va a sonreír y a sobarse la barba
Y la aflicción, bromea, no gime y hace ejem,
Va a emparchar con proverbios la pena, a
 [emborrachar
Con los consume-velas la desgracia, pues tráemelo
Y voy a recoger de él sí paciencia.[310]
Pero no hay hombre tal, pues los hombres,
 [hermano,
Pueden aconsejar y consolar pesares
Que ellos mismos no sienten, pero, cuando los
 [prueban,
Su consejo se torna pasión, el mismo que antes
Para la furia os daba remedio preceptivo,
Encadena con hilo de seda la locura,
Trata el dolor con aire, la agonía con términos.[311]
No, no, oficio de todos es hablar de paciencia
A quienes bajo el peso del penar se retuercen,
Mas virtud ni tampoco capacidad de nadie,
Ser moralizador cuando debe aguantar

---

[310] "Y la aflicción, bromea,...": *And sorrow, wag, ...*, pasaje para el que se han propuesto innumerables enmiendas de texto y/o puntuación, sin que ninguna logre consenso; no obstante, el texto de las ediciones en cuarto y en folio seguido por la traducción tiene sentido, "sobarse la barba y la aflicción" es un zeugma semántico, como *cecidere illis animique manusque*, "se les cayeron los ánimos (esto es 'el valor') y las manos", Ovidio, *Metamorfosis*, VII.347 (obra de la que Shakespeare tomó tanto). "Hace ejem" (*will... cry ejem*): esto es, se aclara la garganta antes de beber, como en *Enrique IV, Primera parte*, II.iv ("A beber hasta el fondo lo llaman 'teñirse de rojo', y cuando uno se toma un respiro en la regada, le gritan: '¡Ejem!', y le piden que se juegue el resto"). "Consume-velas": juerguistas que pasan la noche entera bebiendo, más probablemente que eruditos que la pasan leyendo.

[311] "Os daba remedio preceptivo": pretendía curar con preceptos. "Trata": *charm*, "hechiza, ensalma". "Con aire": con palabras.

Lo mismo él en persona. No me des, pues, consejos:
Mi pesar grita mucho más alto que el aviso.

Antonio:
En eso hombres y niños no difieren en nada.

Lionato:
Por favor, no hables más, quiero ser carne y sangre;
Pues no ha existido nunca todavía un filósofo
Que aguantase un dolor de muelas con paciencia,
Aunque hayan al estilo de los dioses escrito
Y dado un empellón al azar y al sufrir.[312]

Antonio:
No obstante no inclinéis sobre vos todo el daño,
Haced sufrir también a aquellos que os ofenden.

Lionato:
Ahí hablas con razón; no, si así voy a hacer;
Mi propia alma me cuenta que han mentido sobre
 [Hero,
Y eso va a saber Claudio, y ha de saberlo el príncipe
Y todos los que de esta manera la deshonran.

(*Entran el príncipe* [*don Pedro*] *y Claudio.*)

Antonio:
Aquí el príncipe y Claudio vienen a toda prisa.

---

[312] La alusión parece ser a los estoicos.

Don Pedro:
Buen día, buenos días.

Claudio:
                      Buenos días para ambos.

Lionato:
Mis señores...

Don Pedro:
              Tenemos cierta prisa, Lionato.

Lionato:
¡Mi señor, cierta prisa! Bien, adiós, mi señor,
¿Tenéis ahora tal prisa? Muy bien, todo da igual.

Don Pedro:
No, buen anciano, no disputéis con nosotros.

Antonio:
Si hubiera un desagravio posible con disputas,
Alguno de nosotros caería.

Claudio:
                      ¿Quién lo agravia?

Lionato:
¡Pardiez, me agravias tú, simulador, tú mismo![313]

---

[313] "Tú" (*thou*): Lionato pasa a dirigirse a Claudio despectivamente con el trato de confianza. "Simulador": *dissembler*, palabra que contaminaba *dissembly*, "disamblea", en la escena anterior.

No, no pongas la mano jamás sobre la espada,
No te tengo temor.

Claudio:
                Pardiez, maldita mano
Si diera a vuestra edad tal causa de temor;
A fe, nada mi mano pretendió de mi espada.

Lionato:
Bah, bah, jamás bromeéis ni hagáis chanzas
    [conmigo;
No hablo como un bufón ni como un viejo chocho
Para jactarme bajo privilegios de edad
De lo que hice de joven, o de aquello que haría
De no ser viejo. Sabe, frente a tu cara, Claudio,
Que tú a mi inocente hija y a mí nos agraviaste
Al punto que me fuerzas a dejar mi respeto,
Y, con mi pelo gris y marcas de los días,
Te desafío al juicio que corresponde a un hombre.[314]
Yo digo que has mentido sobre mi hija inocente;
Tu injuria ha atravesado todo su corazón,
Y ahora yace enterrada junto con sus ancestros,
Ah, en una tumba donde jamás durmió el escándalo,
Salvo el de ella que tu villanía forjó.[315]

---

[314] Esto es, a combate singular.
[315] "Enterrada": irónicamente, tras acusar a Claudio de mentir, Lionato dice una mentira. El manejo del tiempo es bastante lábil en la obra: la boda frustrada fue a la mañana temprano; el interrogatorio tuvo lugar poco después el mismo día, y aún no han hallado a Lionato para comunicarle los resultados; sin embargo, Hero ya fue "enterrada".

Claudio:
¿Mi villanía?

Lionato:
        Sí, la tuya, Claudio, digo.

Don Pedro:
No decís bien, anciano.

Lionato:
                Mi señor, mi señor,
En su cuerpo lo voy a probar, si él se atreve,
Pese a su buena esgrima y activo entrenamiento,
Su lozanía en flor y juventud de mayo.[316]

Claudio:
¡Fuera! Yo nada quiero tener que ver con vos.

Lionato:
¿Me desdeñas así? Tú has matado a mi niña;
Si me matas, muchacho, tú a un hombre has de
       [matar.

Antonio:
Ha de matar a dos de nosotros, sí, y hombres;
Pero no es la cuestión, que mate a uno primero;
Ganadme y luego usadme, que responda conmigo;[317]

---

[316] "Su... juventud de mayo": *His May of youth*, "el mayo de su juventud", esto es, "la primavera de su juventud".

[317] "Ganadme y luego usadme": la rima interna remeda la aliteración en el original, *win me and wear me*, expresión proverbial con la idea de "antes ganadme en combate y luego hacedme serviros".

Vamos, venid, muchacho, venid, señor muchacho,
 [acompañadme,
Señor muchacho, a azotes quebraré vuestra
 [esgrima de estocadas,[318]
No, como que yo soy caballero, lo haré.

Lionato:
Hermano...

Antonio:
Contentaos; Dios sabe cuánto amé a mi sobrina,
Y ha muerto, calumniada de muerte por villanos,
Que así osan responder a un hombre de verdad
Como oso tomar yo de la lengua una víbora.
¡Muchachos, monos, Nadies, fanfarrones, maricas!

Lionato:
Hermano Antonio...

Antonio:
Vos daos por contento. ¡Cómo, hombre! Los
 [conozco,
Claro, y sé lo que pesan, hasta el último
 [escrúpulo:[319]
Revueltos, caraduras, muchachos sigue-modas,

---

[318] "Esgrima de estocadas" (*foining fence*): la esgrima "moderna", en que sólo se empleaban las estocadas de punta y no también el filo de la espada como "en los buenos viejos tiempos". Este verso hipérmetro en la traducción no lo es en el original, a diferencia del anterior, que lo es en ambos.

[319] "Escrúpulo" (*scruple*): antigua unidad de peso empleada en farmacia, equivalente a 24 granos, o sea 1,198 gramos (DRAE, 6).

Que mienten y se mofan, denigran y calumnian,
Andan grotescos, muestran un exterior horrible
Y hablan media docena de peligrosos términos,
Cómo a sus enemigos herirían, si osaran,
Y eso es todo.

Lionato:
Pero oye, hermano Antonio...

Antonio:
                    Vamos, no es la
        [cuestión,
Vos no os mezcléis, dejad que yo me encargue de esto.

Don Pedro:
Caballeros, no os hemos de excitar la paciencia;
Mi corazón lamenta la muerte de vuestra hija,
Pero ella, por mi honor, de nada fue acusada
Que no fuese verdad probada totalmente.

Lionato:
Mi señor, mi señor...

Don Pedro:
            Ya no quiero escucharos.

Lionato:
¿No? Vámonos hermano. Ya tendrán que
        [escucharme.

Antonio:
Lo harán, o va a sufrir alguno de nosotros.

(*Salen Lionato y Antonio.*)

Don Pedro:
Mirad, ahí viene el hombre que íbamos a buscar.

(*Entra Benedicto.*)

Claudio:
¿Qué tal, *signior*, qué nuevas?

Benedicto:
                    Buen día, mi señor.[320]

Don Pedro:
Bienvenido, *signior*, casi llegáis para separar casi una refriega.

Claudio:
Estuvimos a punto de que a los dos nos arrancaran las narices a mordiscos dos viejos sin dientes.

Don Pedro:
Lionato y el hermano. ¿Qué piensas? Si hubiéramos peleado, sospecho que habríamos resultado demasiado jóvenes para ellos.

Benedicto:
En una querella falsa no hay valor verdadero. Vine a buscaros a los dos.

---

[320] Benedicto ignora a Claudio y se dirige únicamente al príncipe.

Claudio:
Nosotros hemos estado de aquí para allá buscándote, pues tenemos una melancolía a toda prueba y de buena gana quisiéramos que nos la derrotaran. ¿Quieres hacer uso de tu ingenio?

Benedicto:
Está en la vaina de mi espada, ¿he de desenvainarla?

Don Pedro:
¿Llevas el ingenio en el costado?

Claudio:
Nunca nadie lo llevó así, aunque muchos quedaron al costado del ingenio. Voy a pedirte que desenvaines, como a los ministriles: desenvaina para complacernos.[321]

Don Pedro:
Como que soy un hombre honesto que se lo ve pálido. ¿Estás enfermo, o enojado?

Claudio:
¡Cómo, coraje, hombre! Cómo, aunque la cuita mata al gato, hay en ti temple suficiente para matar la cuita.[322]

---

[321] "Desenvaines": *draw*, "desenvaines (la espada)", "extraigas (el instrumento musical del estuche)" y "deslices (el arco del violín sobre las cuerdas)". "Ministriles" (*minstrels*): los que por oficio tañían instrumentos de cuerda o de viento (DRAE, *ministril*, 3). Claudio todavía no asume que Benedicto está hablando en serio.

[322] Expresión proverbial; el juego sonoro "cuita... gato" remeda la aliteración en el original, *care... cat*.

Benedicto:
Señor, he de enfrentarme con vuestro ingenio a la carrera, si lo cargáis contra mí; os ruego que elijáis otro tema.[323]

Claudio:
No, entonces dadle otra lanza, esta última se partió.[324]

Don Pedro:
Por esta luz que él está cambiando cada vez más; pienso que ha de estar enojado de veras.

Claudio:
Si lo está, ya sabe cómo girarse el cinturón.[325]

Benedicto:
¿Os digo una palabra al oído?

---

[323] "A la carrera" (*in the career*): en el momento de una justa en que ambos contendientes cargan al galope uno contra el otro. Los chistes sobre desafíos del inicio de la obra, comenzando por el del reto a Cupido, se han vuelto ahora un asunto serio, aunque Claudio todavía no termina de advertir el cambio.

[324] "Se partió" (*broke cross*): en lugar de hacerse astillas (*splintering*), y aquello en una justa era considerado señal de cobardía o impericia en el manejo del arma y el caballo.

[325] *How to turn his girdle*, expresión frecuente en la época pero no del todo elucidada; podría querer decir "si no le gusta, que se aguante", o bien "que se prepare para pelear", en este caso con la probable explicación de que la espada se llevaba muy hacia atrás y para ponerla a mano había que girar el cinturón.

Claudio:
Dios me libre de un desafío.

Benedicto:

[*Aparte a Claudio.*]

Sois un villano, no estoy bromeando, voy a confirmároslo como os atreváis, con lo que os atreváis y cuando os atreváis.[326] Hacedme justicia, o voy a denunciar vuestra cobardía. Habéis matado a una dulce señorita, y esa muerte ha de caer sobre vos con todo su peso. Hacedme saber de vos.

Claudio:
Bien, voy a encontrarme con vos, siempre que así pueda tener una buena diversión.

Don Pedro:
¿Qué, un festín, un festín?

Claudio:
A fe, se lo agradezco, me invita a un cordero y un capón, y si yo no los trincho con suma pericia, decid que mi cuchillo no sirve para nada; ¿no hallaré también una chochaperdiz?[327]

---

[326] La elección de armas corresponde al desafiado.
[327] "Cordero": *calf's head*, "cabeza de ternero" y, figuradamente, "bufón, necio"; la traducción apela al sentido figurado de "cordero", es decir, "hombre manso, dócil y humilde" (DRAE, 3). "Capón": *capon*, "pollo que se castra cuando es pequeño y se ceba para comerlo" y " hombre... castrado" (DRAE, 2 y 1 respectivamente). "Chochaperdiz":

Benedicto:
Señor, vuestro ingenio ambla bien, marcha a paso fácil.[328]

Don Pedro:
Voy a contarte cómo elogió Beatriz tu ingenio el otro día: yo dije que tú tenías un fino ingenio; "verdad", dijo ella, "fino y delgado"; "no", dije yo, "un gran ingenio"; "cierto", dice ella, "grande y grosero"; "no", dije yo, "un buen ingenio"; "justamente", dijo ella, "no lastima a nadie"; "no", dije yo, "el caballero es sabio"; "seguro", dijo ella, "sabio caballero";[329] "no", dije yo, "si tiene varias lenguas";[330] "eso sí que lo creo", dijo ella, "pues a mí me juró una cosa el lunes a la noche y la perjuró el martes a la mañana; allí hay una lengua doble, allí hay dos lenguas". Así ella una hora entera deformó tus particulares virtudes; sin embargo al final concluyó con un suspiro que tú eras el hombre más bien puesto de Italia.

Claudio:
Por lo cual lloró de corazón y dijo que la tenía sin cuidado.

---

woodcock, ave algo más pequeña que la perdiz, muy preciada por su carne y, por fácil de cazar, considerada proverbialmente tonta.
328 "Ambla" (*ambles*): hace cada paso con las dos patas del mismo lado, andar que se enseña a los caballos y se juzgaba apropiado para el de una dama.
329 "Sabio caballero" (*a wise gentleman*): en sentido irónico, "necio".
330 Esto es, "domina varios idiomas".

Don Pedro:
Ajá, eso hizo, pero no obstante todo eso, si no lo odiara mortalmente, lo amaría profundamente; la hija del viejo nos contó todo.[331]

Claudio:
Todo, todo, y más aún, Dios lo vio cuando él estaba escondido en el jardín.[332]

Don Pedro:
Pero ¿cuándo hemos de poner los cuernos del toro salvaje en la cabeza del sensible Benedicto?

Claudio:
Claro, y el texto debajo: "Aquí habita Benedicto el casado".[333]

Benedicto:
Adiós, muchacho, ya sabéis mi intención; ahora os dejo con vuestro humor de chismosas: rompéis en chistes como los fanfarrones rompen las hojas de sus espadas, que, a Dios gracias, no lastiman a nadie.[334]

---

[331] Semejante alusión a la "recién muerta" suena a insensibilidad por parte del príncipe.
[332] "... y el hombre y su mujer se ocultaron de la vista de Yahveh Dios por entre los árboles del jardín", *Génesis*, III.8; alusión a la escena del huerto, tercera del acto segundo, que Benedicto parece no registrar.
[333] Don Pedro y Claudio recuerdan sendos chistes de la escena inicial.
[334] "Como los fanfarrones rompen las hojas de sus espadas": las rompen ellos mismos y se jactan de que se les rompió peleando, algo similar a lo que hace Falstaff, en *Enrique IV, Primera parte*, II.iv ("se me melló tanto la espada que parece una sierra").

Mi señor, por vuestras muchas cortesías, os estoy agradecido; debo discontinuar vuestra compañía; vuestro hermano el bastardo ha huido de Mesina; vosotros habéis matado entre los dos a una dulce e inocente señorita. En cuanto a mi señor Imberbe aquí presente, él y yo hemos de tener un encuentro, y hasta entonces, la paz sea con él.

[*Sale.*]

Don Pedro:
Habla en serio.

Claudio:
Con la más profunda seriedad, y voy a garantizaros que es por amor a Beatriz.

Don Pedro:
¿Y te ha desafiado?

Claudio:
Con la mayor franqueza.

Don Pedro:
Linda cosa es el hombre cuando anda en jubón y calzas y se quita el ingenio.[335]

---

[335] Esto es, "cuando, pese a andar vestido (a diferencia de las bestias), no hace uso de sus facultades mentales"; otros interpretan "cuando se quita la capa (de sus facultades mentales) para pelear".

Claudio:
Entonces es un gigante para un mono, pero entonces un mono es un doctor para tal hombre.[336]

Don Pedro:
Pero esperad, dejadme pensar: arrancaos, corazón, y poneos adusto; ¿no dijo él que mi hermano había huido?

(*Entran los alguaciles* [*Zarzal y Acíbar, con la guardia*], *Conrado y Boracho.*)

Zarzal:
Vamos, vos señor; si la justicia no consigue domaros, nunca más ha de pesar razones en su balanza;[337] no, si como sois de una vez un maldito hipócrita, hay que vigilaros.

Don Pedro:
¿Qué ocurre, dos hombres de mi hermano atados? Uno es Boracho.

Claudio:
Escuchad en qué ofensa han incurrido, mi señor.

---

[336] A quien hace un desafío, un necio lo considera un héroe, aunque el necio es el más sabio de los dos; o bien, es un gigante en comparación con un mono (necio), pero el mono (necio) es un sabio en comparación con él.
[337] "Razones": *reasons*, entonces casi homófona de *raisins*, "uvas pasas", aunque no es seguro que Zarzal, voluntaria o involuntariamente, proponga este retruécano que analoga a la justicia con un almacenero; el juego entre ambas palabras es sí claramente explícito en *Enrique IV,*

Don Pedro:
Oficiales, ¿qué ofensa han hecho estos hombres?

Zarzal:
Pardiez, señor, han mantenido un falso rumor; más aún, han dicho cosas que no eran verdad; segundo, son calumniadores; sexto y último, han mentido sobre una señorita; tercero, han testificado cosas injustas, y para concluir, son unos pillos mentirosos.

Don Pedro:
Primero, te pregunto qué han hecho; tercero, te pregunto cuál es su ofensa; sexto y último, por qué se los mantiene detenidos, y para concluir, qué cargos tenéis contra ellos.

Claudio:
Rectamente razonado, y en su propia división; y palabra de honor que hay un sentido bien puesto.[338]

Don Pedro:
¿A quién habéis ofendido, señores, que estáis así atados para responder? Este erudito alguacil es demasiado astuto para que se lo entienda: ¿cuál es vuestra ofensa?

Boracho:
Querido príncipe, permitidme no ir más lejos para

---

[338] "División" (*division*): "ordenada distribución de los varios puntos que puede abrazar la proposición del discurso oratorio" (DRAE, 7). "Puesto": *suited*, "vestido" y "ajustado, apropiado".

responder: oídme, y que este conde me mate. He engañado hasta vuestros propios ojos; lo que vuestra sensatez no pudo descubrir, estos bufones superficiales lo han sacado a luz, quienes a la noche alcanzaron a oírme confesar a este hombre cómo vuestro hermano don Juan me instigó a calumniar a la señorita Hero, cómo se os trajo al huerto y me visteis cortejar a Margarita en vestimentas de Hero, cómo vos la desgraciasteis cuando debíais desposarla.[339] Mi villanía la tienen registrada, y prefiero sellarla con mi muerte antes que repetirla para mi oprobio. La señorita ha muerto por la falsa acusación mía y de mi amo; y en suma, no deseo nada más que la recompensa de un villano.

Don Pedro:
¿No os corre este relato como un hierro en la sangre?

Claudio:
He bebido veneno mientras él lo contaba.

Don Pedro:
¿Pero ha sido mi hermano quien a esto os arrojó?

Boracho:
Ajá, y me pagó ricamente por la maña del asunto.

---

[339] "En vestimentas de Hero": única vez que se explicita tal detalle. "Cómo vos la desgraciasteis...": esto no forma parte de lo que los guardias le oyeron confesar, porque es un hecho posterior a ese diálogo de Boracho con Conrado, del que sólo surge que Claudio juró que lo haría.

Don Pedro:
Está compuesto y hecho de traidora falsía,[340]
Y si ha escapado fue por esa villanía.

Claudio:
Hero querida, ahora tu imagen se me muestra
En la rara apariencia que yo primero amé.

Zarzal:
Vamos, llevad a los demandantes; a estas horas nuestro custodio ya habrá reformado al *signior* Lionato sobre el caso;[341] y señores, no olvidéis especificar, cuando la hora y el lugar sean propicios, que yo soy un asno.

Acíbar:
Aquí, aquí viene don *signior* Lionato, y el custodio también.

(*Entran* [*de nuevo*] *Lionato* [*y Antonio*], *su hermano,* [*con*] *el custodio.*)

Lionato:
¿Cuál, cuál es el villano? Dejadme ver sus ojos,
Así, cuando otra vez note a uno parecido,
Me es posible evitarlo. ¿Cuál de entre éstos es él?

---

[340] Como bastardo, don Juan es fruto de una traición o infidelidad. La rima en este pareado subraya el reconocimiento de la verdad de los hechos, y enfatiza el cambio de tono marcado por el reciente paso al verso por parte del príncipe y Claudio, mientras el resto continúa todavía hablando en prosa.
[341] "Demandantes" (*plaintiffs*): en lugar de "acusados" o "delincuentes". "Reformado": *reformed*, en lugar de *informed*, "informado".

Boracho:
Si queréis saber quién os agravió, miradme.

Lionato:
¿El esclavo eres tú que mató con su aliento
A mi inocente niña?[342]

Boracho:
                Sí, yo solo en persona.

Lionato:
No, no es así, villano, mientes sobre ti mismo:
Aquí tenéis a un par de hombres muy honorables
–Un tercero ha escapado–, que tienen mano en eso;
Os agradezco, príncipes, por la muerte de mi hija;
Registradlo entre vuestras hazañas más valiosas;
Fue un acto de coraje, si bien lo meditáis.

Claudio:
No sé como rogar vuestra paciencia yo;
No obstante, debo hablar: elegid la venganza,
Poned la penitencia que vuestra invención pueda
Fijarle a mi pecado; no obstante, no pequé
Sino en equivocarme.

Don Pedro:
                Por mi alma, yo tampoco,
Pero por reparar lo de este buen anciano

---

[342] "Aliento" (*breath*): el que se exhala al hablar, las palabras pronunciadas.

Yo me doblegaría bajo cualquier gran peso
Que él quisiera imponerme.

Lionato:
No os puedo pedir que pidáis vivir a mi hija,
Sería algo imposible, pero os ruego a los dos
Que a la gente de aquí, de Mesina, informéis
Qué inocente murió ella; después, si el amor vuestro
Puede algo elaborar con adusta invención,
Colgad un epitafio sobre la tumba de ella
Y cantadlo a sus huesos, cantádselo esta noche;
Mañana a la mañana veníos a mi casa,
Y, como no podríais ser ya mi hijo político,
Pero sí mi sobrino: mi hermano tiene una hija,
Casi una copia exacta de mi niña que ha muerto,
Y es la única heredera que tenemos los dos;[343]
Dadle el derecho que ibais a dar vos a su prima,
Y ahí muere mi venganza.

Claudio:
                              ¡Noble señor, oh, tanto
Exceso de bondad en vos me exprime lágrimas!
Abrazo vuestra oferta, por cierto, y disponed
Vos mismo de aquí en más del pobre Claudio.

---

[343] Al comienzo de la segunda escena del acto primero, se habla de un hijo varón de Antonio; como aquí se trata de una simulación, bien podría existir tal hijo, y aunque sería extraño que tal cosa hubiera pasado inadvertida a los visitantes, no lo es menos la "aparición" ahora ante ellos de esta supuesta hija; de todos modos, lo más probable es que aquel detalle se haya deslizado por descuido y en la representación no se perciba la aparente incoherencia.

Lionato:
Voy a esperar mañana vuestra llegada, pues;
Esta noche me tomo licencia. Este maldito
Cara a cara ha de ser puesto ante Margarita
Quien creo ha sido cómplice de todo el agravio este
Porque la ha contratado vuestro hermano.

Boracho:
                              No, por
      [mi alma que no,
Ni supo lo que hacía cuando hablaba conmigo;
Por el contrario ha sido siempre justa y virtuosa
En todo lo que yo conozco acerca de ella.

Zarzal:
Más aún, señor, cosa que no está en negro sobre blanco, el demandante este de aquí, el ofensor, me llamó asno, por cierto; os suplico que sea recordado en su castigo. Y también la guardia los oyó hablar de un tal Deforme; dicen que tiene en la oreja un corcho con un tirabuzón colgando,[344] y en nombre de Dios pide dinero, que ha usado tanto tiempo sin pagar jamás que ahora los hombres se ponen duros de cora-

---

344 "Un corcho con un tirabuzón colgando": *a key...and a lock by it*, literalmente "una llave y un cerrojo colgando de ella"; Zarzal interpreta el *lock*, "rizo en tirabuzón", del que ha hablado la guardia sobre el final de la tercera escena del acto tercero, en el sentido de "cerrojo", y agrega de su propia cuenta una llave; en la recreación del juego de palabras del autor, la traducción incurre en cierto anacronismo, pues si bien el corcho (*cork*) como cierre de botellas o barriles es anterior a Shakespeare, y él mismo lo menciona en *Cuento de invierno*, III.iii, la palabra correspondiente a tirabuzón sacacorchos (*corkscrew*) está atestiguada por vez primera casi un siglo después de su muerte (OED).

zón y no quieren prestar nada por el amor de Dios;[345] os ruego que lo interroguéis sobre ese punto.

Lionato:
Gracias por tu inquietud y tan honesto esfuerzo.

Zarzal:
Vuestra señoría habla como el más agradecido y venerable joven, y alabo a Dios por vos.

Lionato:
Toma por tus esfuerzos.

Zarzal:
Dios guarde la fundación.[346]

Lionato:
Ve, te descargo de tu prisionero y te agradezco.

Zarzal:
Dejo a un pillo consumado con vuestra señoría, que suplico a vuestra señoría os corrijáis vos mismo, para ejemplo de otros.[347] Dios salve a vuestra señoría, deseo el bien de vuestra señoría, Dios os restaure la salud. Humildemente os presto licencia de partir, y

---

[345] "Quien se apiada del débil, presta a Yahveh", *Proverbios*, XIX.17
[346] *God save the foundation*, respuesta usual de quien recibía limosna a la entrada de una iglesia; a los varios sentidos de *foundation* que coinciden con los de "fundación" se agregan "fundamento" y "cimientos".
[347] "Os corrijáis vos mismo": en lugar de "corrijáis vos mismo"; en el original, *to correct yourself* admite ambos sentidos; la traducción opta por el más zarzaliano.

si es de desear un feliz encuentro, que Dios lo prohíba.[348] Vamos, vecino.

(*Salen* [*Zarzal y Acíbar*].)

Lionato:
Señores, os veré mañana a la mañana.

Antonio:
Mis señores, adiós, mañana os aguardamos.

Don Pedro:
No vamos a fallar.

Claudio:
                Hoy lloraré con Hero.

Lionato:

[*A la guardia.*]

Traed a estos tipos, vamos a hablar con Margarita
Cómo surgió su trato con este tipo impúdico.

(*Salen.*)

---

[348] "Presto" (*give*, "doy"): en lugar de "pido" (*bid*). "Prohíba" (*prohibit*): en lugar de "permita" (*permit*).

ESCENA II

(*Entran Benedicto y Margarita.*)

Benedicto:
Te ruego, querida dama Margarita, que hagas buenos méritos conmigo ayudándome a que hable con Beatriz.

Margarita:
¿Vais a escribirme luego un soneto en elogio de mi belleza?

Benedicto:
En una escala tan alta, Margarita, que ningún hombre viviente ha de subir por encima, pues con la más gentil verdad te lo mereces.[349]

Margarita:
¡Tener un hombre encima! Caramba, ¿he de vivir siempre bajo las escaleras?[350]

Benedicto:
Tu ingenio es tan veloz como la boca del galgo, atrapa todo.

---

[349] "Una escala tan alta": *so high a style*, "un estilo tan elevado", de igual pronunciación que *so high a stile*, "una escalera tan alta". El juego de palabras entre *style* y *stile* está en "El cuento del escudero" de G. Chaucer (*Los Cuentos de Canterbury*).
[350] "Vivir... bajo las escaleras": donde vivían los sirvientes; un casamiento podría elevar su condición y hacerla vivir escaleras arriba.

Margarita:
Y el vuestro tan poco filoso como los floretes de esgrima, que tocan pero no lastiman.[351]

Benedicto:
Un ingenio muy varonil, Margarita: no va a lastimar a una mujer; y con esto te ruego que llames a Beatriz; te concedo los broqueles.[352]

Margarita:
Concedednos las espadas, que nosotras tenemos broqueles propios.

Benedicto:
Si los usáis, Margarita, debéis encajarles a rosca el asa, y son armas peligrosas para las vírgenes.[353]

Margarita:
Bien, voy a llamaros a Beatriz, que pienso que tiene piernas.

(*Sale.*)

---

[351] "Floretes de esgrima": con un botón en la punta para que no lastimen.

[352] Esto es, "te concedo la victoria". El broquel, escudo redondo, da pie a que Margarita le asigne el sentido figurado de "vagina", en conjunción con la fálica espada.

[353] "A rosca": *with a vice*; el sustantivo *vice*, que también significa "vicio", designa desde antiguo diversas cosas con forma de espiral o algo semejante a una rosca, entre ellas la mordaza o morsa, de donde se ha interpretado aquí una alusión a dos cuerpos unidos por la penetración, aunque ese sentido de la palabra, ya atestiguado antes de Shakespeare, sólo se generalizó después.

Benedicto:
Y por lo tanto va a venir.

[*Canta.*]

> El dios de amor,
> Que es superior,
> Y que sabe de mí,
> Qué compasión merezco...[354]

Quiero decir en el canto, pero en el amor... Leandro el buen nadador, Troilo, el primer empleador de alcahuetes, y un libro entero de esos tratantes en alfombras de antaño, cuyos nombres todavía corren suavemente por el camino llano del verso blanco, caramba, ésos jamás han sido tan verdaderamente zarandeados de aquí para allá como mi pobre persona enamorada.[355] Pardiez, no puedo mostrarlo con rima, lo intenté: no puedo encontrar ninguna otra ri-

---

[354] Variante del comienzo de una canción de W. Elderton publicada en 1562 y largo tiempo perdida hasta su hallazgo en 1958, muy popular en su época a juzgar por la cantidad de imitaciones, parodias y referencias que se conservan; se trata del canto de un enamorado que pide piedad a su insensible amada. La traducción respeta el metro del original para que pueda ser cantada con la misma música, y sólo se aparta un poco del sentido en el segundo verso, literalmente "que está sentado arriba".

[355] "Leandro": amante de Hero en una leyenda griega tardía, quien cada noche cruzaba a nado el Helesponto (estrecho de Dardanelos) para reunirse con su amada. "Troilo": troyano, amante de Crésida, unión conseguida por intermediación de Pándaro, tío de ella; de esta leyenda, difundido tema literario en la Edad Media y tratado por Shakespeare en *Troilo y Crésida*, no se conservan fuentes antiguas. "Tratantes en alfombras" (*carpet-mongers*): frecuentadores de habitaciones femeninas, alfombradas.

ma para "dueña mía" que "cría", una rima inocente; para "eterno", "cuerno", una rima dura; para "lección", "bufón", una rima balbuceante; terminaciones muy ominosas; no, no he nacido bajo la influencia de un planeta rimador, ni puedo cortejar en términos festivos.[356]

(*Entra Beatriz.*)

Querida Beatriz, ¿vendríais cuando yo os llamara?

Beatriz:
Claro, *signior*, y partiría cuando me lo pidierais.

Benedicto:
Oh, quédate sólo hasta entonces.

Beatriz:
"Entonces" ya está dicho, ahora adiós; y sin embargo, antes que me vaya, permitid que me vaya con aquello por lo que vine, que es saber qué ha pasado entre vos y Claudio.

Benedicto:
Sólo feas palabras, y acto seguido voy a besarte.

---

[356] "Dueña mía... cría": *lady... baby*, "dama... bebé". "Eterno, cuerno": *scorn, horn*, "desdén, cuerno". "Lección, bufón": *school, fool*, "escuela, bufón (necio)". "Ominosas": "cría (bebé)", "cuerno" y "bufón (necio)" sugieren "tonto cornudo, padre nominal de hijo bastardo".

Beatriz:
Feas palabras no es más que feo viento, y feo viento no es más que feo aliento, y el feo aliento es fétido, por lo tanto voy a partir sin ser besada.

Benedicto:
Has espantado a la palabra de su recto sentido, con tu ingenio tan forzado; pero debo contarte llanamente que Claudio está sujeto a mi desafío, y o bien debo tener noticias suyas pronto, o bien voy a suscribir que es un cobarde. Y ahora, por favor, cuéntame, ¿por cuál de mis partes malas te enamoraste de mí primero?

Beatriz:
Por todas juntas, pues mantienen un estado de maldad tan político que no van a admitir que ninguna parte buena se entremezcle con ellas.[357] Pero, ¿por cuál de mis partes buenas sufristeis de amor por mí primero?

Benedicto:
¡Sufrir de amor! Buen epíteto: yo sufro de amor, por cierto, pues te amo contra mi voluntad.

Beatriz:
A despecho de vuestro corazón, pienso yo. Ay, pobre corazón, si lo despecháis por mí, yo voy a despecharlo por vos, pues jamás voy a amar lo que mi amigo odia.

---

357 "Político" (*politic*): astuto, con cierto matiz de taimado, según se entendía entonces el término por influencia de las lecturas de Maquiavelo.

Benedicto:
Tú y yo somos por demás sensatos como para cortejar pacíficamente.

Beatriz:
No se evidencia en esa confesión: no hay un solo hombre sensato entre veinte que van a elogiarse a sí mismos.[358]

Benedicto:
Un ejemplo viejo, Beatriz, muy viejo, que existió en tiempos de buena vecindad; si en esta época un hombre no erige su propia tumba antes de morir, no ha de existir en monumento durante más tiempo que el son de la campana y el llanto de la viuda.[359]

Beatriz:
¿Y cuánto es eso, pensáis vos?

Benedicto:
¡Qué pregunta! Caramba, una hora en repique y un cuarto de hora en lagrimeo; por eso lo más conveniente para los sensatos, si don Gusano, su conciencia, no halla ningún impedimento en contrario, es ser la trompeta de sus propias virtudes, como soy yo

---

[358] "Tiene malos vecinos quien de buena gana se elogia a sí mismo" (proverbio).
[359] "En monumento" (*in monument*): en el recuerdo (de la viuda). Dos de los *Cien cuentos alegres* –de donde, según Beatriz en la primera escena del acto segundo, la ha acusado Benedicto de sacar su ingenio– se refieren a viudas que arreglan su próximo casamiento durante los entierros de sus respectivos esposos.

de las mías a tal punto para elogiarme a mí mismo, quien, yo mismo voy a atestiguarlo, es digno de elogio.[360] Y ahora decidme, ¿qué tal está vuestra prima?

Beatriz:
Muy mal.

Benedicto:
¿Y qué tal vos?

Beatriz:
Muy mal también.

Benedicto:
Servid a Dios, amadme y enmendad. Ahí voy a dejaros también, pues aquí viene alguien a toda prisa.

(*Entra Úrsula.*)

Úrsula:
Mi señora, debéis venir junto a vuestro tío, allá en casa hay un enorme alboroto: se comprobó que mi señorita Hero ha sido acusada falsamente, el príncipe y Claudio abusados poderosamente, y don Juan es el autor de todo, que se ha escapado y no está. ¿Queréis venir de inmediato?

---

[360] "Don Gusano, su conciencia": "su gusano no muere y el fuego no se apaga", *Marcos*, IX.46, inspirado en *Isaías*, LXVI.24; "gusano de la conciencia" aparece en *Ricardo III*, I.iii, y en "El cuento del médico". "De las mías a tal punto para elogiarme a mí mismo": según las ediciones en cuarto y en folio; N. Rowe, seguido en esto por casi todos los editores, agrega un punto y coma, con lo cual la traducción pasaría a ser "de las mías; todo eso en cuanto al elogio de mí mismo".

Beatriz:
¿Queréis oír esas noticias, *signior*?

Benedicto:
Quiero vivir en tu corazón, morir en tu regazo y estar sepultado en tus ojos; y además, quiero ir contigo junto a tu tío.[361]

(*Salen.*)

---

[361] "Morir... sepultado en tus ojos": *dying*, "morir, agonizar", se empleaba como eufemismo por "alcanzar el orgasmo", de modo que el doble sentido sugerido es "alcanzar el orgasmo en tu regazo mientras me veo reflejado en tus ojos".

ESCENA III

(*Entran Claudio, el príncipe [don Pedro] y tres o cuatro con cirios [seguidos por músicos].*)

Claudio:
¿Es éste el monumento de Lionato?

Señor:
Sí, es éste, mi señor.

(*[Lee el] epitafio.*)[362]

> Hecha morir por calumniosos labios
> Ha sido Hero, que aquí vino a dormir;
> La muerte premiará tales agravios
> Con la fama que nunca ha de morir;
> Así la vida que murió en vergüenza
> Vive en la muerte con su fama inmensa.
> Sigue colgado aquí sobre la tumba
> Loándola cuando mi voz sucumba.

Claudio:
Que ahora suene la música, cantad el solemne
    [himno.

---

[362] Casi todos los editores siguen aquí la enmienda de E. Capell, que atribuye la enunciación del epitafio, y poco más adelante del pareado que sigue a la canción, a Claudio; F. H. Mares, sin embargo, sostiene que resulta apropiado a Claudio, quien antes cortejó a Hero a través de un intermediario, hacer algo similar con la enunciación del epitafio.

[Cantantes:][363]

(*Canción.*)

> Oh diosa de la noche, con la gente
> Que ha matado a tu virgen sé clemente;[364]
> Por eso van marchando alrededor
> De su tumba con cantos de dolor.
> Noche, en este quebranto
> Asiste nuestro llanto,
> Con pesar, con pesar.
> Tumbas, que vuestros muertos salgan fuera
> Hasta que halle expresión la muerte entera,[365]
> Con pesar, con pesar.

[363] Las ediciones en cuarto y en folio no asignan el canto a ningún personaje, como si continuara Claudio, quien sin embargo acaba de dar la orden de cantar a otro u otros; A. Quiller-Couch y J. D. Wilson lo asignan a Baltasar, el que cantó en la tercera escena del acto segundo, pero, si bien el actor pudo haber sido el mismo, no tiene por qué serlo el personaje, sobre todo cuando los plurales en la canción sugieren que se trata de más de un cantante. De esta canción, considerada una de las peores de Shakespeare (acaso para que la vena poética de Claudio pareciera pobre), no se conserva música de la época, por lo cual la traducción se permite no reproducir exactamente el metro del original.

[364] "Diosa de la noche... tu virgen": la diosa virgen Diana de los romanos, identificada con la griega Ártemis y con la Luna, y su devota en la castidad Hero. La invocación pagana podría obedecer a que, tratándose de una falsa muerte, una alusión al Dios cristiano podría haber sido acusada de profanidad.

[365] *Till death be uttered*, "hasta que la muerte sea (o esté) expresada", verso que nadie ha logrado explicar convincentemente; lo menos rebuscado es interpretar "hasta que hayamos terminado de expresar nuestros lamentos por esta muerte".

Señor:
Ahora, buenas noches a tus restos;
Anualmente he de hacer los ritos estos.

Don Pedro:
Buenos días, señores; apagad cada tea;
Ya los lobos cazaron, y el día, si advertís,
Delante de las ruedas de Febo ya motea
El este somnoliento con matices de gris.[366]
Os agradezco a todos, y dejadnos, adiós.

Claudio:
Buenos días, señores; a lo vuestro partís.

Don Pedro:
Vayámonos de acá, cambiemos de vestuario,
Y a casa de Lionato nos iremos al vuelo.

Claudio:
Y ahora viene Himeneo con mejor corolario[367]
Que este por el cual hemos tributado este duelo.

(*Salen.*)

---

[366] "Las ruedas de Febo": el carro de Apolo, en tanto dios Sol. "Motea / ... somnoliento con matices" remeda la aliteración *dapples the drowsy*, "motea el somnoliento".

[367] *And Hymen now with luckier issue speeds*; L. Theobald, a partir de una conjetura de S. Thirlby, lee *speed's*, con lo cual el sentido pasaría a ser "y que ahora nos bendiga Himeneo con resultado más afortunado (con mejor corolario)". "Himeneo": dios griego y romano que preside el cortejo nupcial.

ESCENA IV

(*Entran Lionato, Benedicto, Margarita, Úrsula, el anciano* [*Antonio*], *fray* [*Francisco y*] *Hero.*)[368]

Fray Francisco:
¿No os dije acaso yo que ella sí era inocente?

Lionato:
Lo son Claudio y el príncipe también, que la
 [acusaron
Por la equivocación que oísteis debatir;
Pero hay en Margarita cierta falta por esto,
Aun contra su deseo según se ha evidenciado
En el curso veraz de la investigación.

Antonio:
Bien, me alegra que todo resultara tan bien.

Benedicto:
Y a mí igual, pues, si no, por fe estaba forzado
A hacer que el joven Claudio rindiese cuenta de esto.

Lionato:
Muy bien, hija, y vosotras, gentiles damas todas,
Retiraos a solas en una habitación;

---

[368] Algunos editores suprimen a Margarita, aunque el reproche que le hará Lionato es suave y sugiere una rehabilitación; E. Capell, y muchos otros tras él, agregan a Beatriz, quien sin embargo no hace aquí ningún comentario sobre temas que usualmente se los motivan, además de que luego, si bien enmascarada, no será reconocida por Benedicto, que aquí estaría viéndole al menos la vestimenta.

Cuando envíe a buscaros, volved enmascaradas.
Bien, el príncipe y Claudio prometieron a esta hora
Visitarme. Ya, hermano, sabéis vuestra misión:
Tenéis que ser de la hija de vuestro hermano padre
Y darla al joven Claudio.

(*Salen las damas.*)

Antonio:
Lo cual yo voy a hacer con un semblante firme.

Benedicto:
Fraile, debo implorar vuestros esfuerzos, pienso.

Fray Francisco:
¿Para hacer qué, *signior*?

Benedicto:
Ligarme o deshacerme, de esas dos cosas una.
Signior Lionato, es ésta la verdad, buen *signior*:
Me ve vuestra sobrina con ojos favorables.[369]

Lionato:
Ojos que recibió de mi hija, es la verdad.

Benedicto:
Y con ojos de amor la recompenso yo.

---

[369] Si no se trata de un descuido autoral, cuando Benedicto se retiró con Lionato en la segunda escena del tercer acto no ha encarado este tema; y, según lo que sigue, tampoco descifró la alusión a la escena del huerto, tercera del acto segundo, que le hace Claudio en la primera del acto en curso.

Lionato:
La vista del cual, pienso, la obtuvisteis de mí,
Del príncipe y de Claudio. ¿Cuál es vuestro deseo?

Benedicto:
Señor, vuestra respuesta me resulta enigmática;
Pero éste es mi deseo: que vuestro buen deseo
Nos asista en el nuestro de unirnos este día
En estado de honroso matrimonio,
Asunto en que, buen fraile, pediré vuestra ayuda.

Lionato:
Mi corazón apoya vuestro gusto.

Fray Francisco:
                         Y mi ayuda.
Aquí el príncipe y Claudio se aproximan.

(*Entran el príncipe [don Pedro] y Claudio, y otros dos o tres.*)

Don Pedro:
Buenos días para esta noble y bella asamblea.

Lionato:
Príncipe, buenos días, y Claudio, buenos días;
Estamos aguardándoos. ¿Estáis vos aún resuelto
A desposaros hoy con la hija de mi hermano?

Claudio:
Mantendré mi intención, aunque ella fuese
            [etíope.[370]

---

[370] "Etíope": negra, lo opuesto al ideal de belleza isabelino.

Lionato:
Id a llamarla, hermano, que aquí está listo el fraile.

[*Sale Antonio.*]

Don Pedro:
Buen día, Benedicto. Caramba, ¿qué sucede
Que tenéis semejante fachada de febrero,
Tan repleta de escarcha, tormenta y nubarrones?[371]

Claudio:
Pienso que es por pensar en el toro salvaje.
No temas, hombre; vamos a ornar de oro tus
    [cuernos,
Y toda Europa habrá de alegrarse contigo,
Igual que antaño Europa con Júpiter pujante,
Cuando él hizo el papel de noble bestia amante.[372]

Benedicto:
Señor, el toro Júpiter mugía de compadre,
Y un toro así montó la vaca a vuestro padre,
Y un ternero en tan noble proeza ha concebido
Muy semejante a vos, pues tenéis su berrido.[373]

---

[371] "Fachada de febrero" reproduce la aliteración *February face*, "cara de febrero" (invierno boreal).
[372] "Europa... Europa": primero el continente, luego la joven fenicia de quien se prendó el dios griego Zeus, Júpiter para los romanos, a tal punto que, metamorfoseado en toro, la cargó sobre su lomo hasta Creta para consumar su deseo, episodio narrado por Ovidio en *Metamorfosis*, II.836 ss. Claudio retoma el chiste de la escena inicial y la primera del acto quinto sobre el "toro salvaje" como figuración del cornudo.
[373] Benedicto responde tratando a Claudio de hijo bastardo.

Claudio:
Os debo eso; aquí vienen más cuentas por rendir.

(*Entran el hermano* [*Antonio*], *Hero, Beatriz, Margarita, Úrsula*[, *ellas enmascaradas*]*.*)

¿Cuál es la señorita con quien debo aferrarme?

Lionato:[374]
Es ésta que aquí veis, y os hago entrega de ella.

Claudio:
Pues es mía; querida, dejad que os vea el rostro.

Lionato:
No, no habréis de verlo hasta que vos toméis su
      [mano
Y enfrente de este fraile prometáis desposarla.

Claudio:
Permitidme la mano. Frente a este santo fraile
Yo soy vuestro marido, si vos gustáis de mí.

Hero:

   [*Se quita la máscara.*]

Y cuando estaba viva, yo era vuestra otra esposa,
Y cuando vos amabais, erais mi otro marido.

---

[374] L. Theobald, seguido en esto por la mayoría de los editores, enmienda por "Antonio".

Claudio:
¡Vaya, otra Hero!

Hero:
No hay nada más cierto, mi señor;
Una Hero deshonrada murió, pero yo vivo,
Y tan seguro como que vivo que soy virgen.

Don Pedro:
¡Hero, la misma de antes, Hero la que está muerta!

Lionato:
Mi señor, murió sólo mientras vivió su infamia.

Fray Francisco:
Todo este desconcierto yo puedo mitigarlo,
Cuando tras poner fin a los sagrados ritos
Os cuente de la muerte de la bella Hero todo.
Que en tanto lo asombroso parezca familiar
Y vayamos sin más tardanza a la capilla.

Benedicto:
Paso a paso y pausado, fraile: ¿cuál es Beatriz?[375]

Beatriz:

[*Se quita la máscara.*]

Yo respondo a ese nombre; ¿cuál es vuestro deseo?

Benedicto:
¿Vos me amáis?

---

[375] "Paso a paso y pausado" remeda la aliteración *soft and fair, friar*.

Beatriz:
                No, caramba, salvo lo razonable.

Benedicto:
Entonces vuestro tío más el príncipe y Claudio
Estaban engañados, pues juraron que así era.

Beatriz:
¿Me amáis vos?

Benedicto:
                No, palabra, salvo lo razonable.

Beatriz:
Pues entonces mi prima y Úrsula y Margarita
Están muy engañadas, pues juraban que así era.

Benedicto:
Han jurado que estabais medio loca por mí.

Beatriz:
Han jurado que estabais casi muerto por mí.

Benedicto:
No hay nada semejante. ¿Vos no me amáis,
       [entonces?

Beatriz:
No, en verdad, sino como recompensa
       [amistosa.[376]

---

[376] Reconocimiento indirecto de que, como mínimo, él ha demostrado amistad para con ella y su familia.

Lionato:
Vamos, parienta, sé que amáis al caballero.

Claudio:
Y yo voy a jurar al respecto que él la ama,
Pues aquí hay un papel escrito por su mano,
Un soneto algo arrítmico de su propio cerebro
Modelado en honor a Beatriz.

Hero:
                           Y aquí hay otro
De mano de mi prima, robado de su bolsa,
Que habla de la afición que tiene a Benedicto.

Benedicto:
¡Milagro! Aquí están nuestras propias manos contra nuestros corazones.[377] Vamos, voy a tenerte, pero por esta luz que te tomo por lástima.

Beatriz:
No voy a rechazaros, pero por este buen día que me rindo a una gran persuasión, y en parte para salvaros la vida, pues me contaron que os estabais consumiendo.[378]

---

[377] "Manos... corazones": la traducción pierde el juego sonoro *hands... hearts*.
[378] "Os estabais consumiendo": *you were in a consumption*, que también significa "estabais con consunción (enfermedad que consume, luego específicamente tisis)".

[Benedicto:][379]
Basta, voy a cerraros la boca.

    [*La besa.*]

Don Pedro:
¿Qué tal, cómo te va, Benedicto el casado?

Benedicto:
Voy a deciros algo, príncipe: ni un entero colegio de ingeniosos podría cambiarme el humor con mofas. ¿Piensas que me preocupo por una sátira o un epigrama? No, si un hombre va a dejarse abatir por cerebros, no ha de ponerse encima nada elegante. En suma, como tengo de veras la intención de casarme, no voy a pensar nada sobre ninguna intención que el mundo pueda sostener en contra de eso, y por lo tanto jamás os moféis de mí por lo que he sostenido en contra de eso; pues el hombre es un ser atolondrado, y ésa es mi conclusión. En cuanto a ti, Claudio, pensé que te abatiría, pero ya que parece que vas a ser mi pariente, vive ileso y ama a mi prima.

Claudio:
Tenía buenas esperanzas de que rechazaras a Beatriz, así yo podía sacarte a palos de tu vida sola, para meterte en el comercio doble, lo cual, fuera de duda, vas a hacer, si mi prima no te vigila muy estrechamente.[380]

---

[379] Enmienda de L. Theobald; en las ediciones en cuarto y en folio, "Lionato".
[380] "Vida sola": *single life*, "vida de soltero" y "sola vida". "Meterte

Benedicto:
Vamos, vamos, somos amigos; tengamos un baile antes de que estemos casados, así podremos aligerar nuestros corazones y los cascos de nuestras mujeres.[381]

Lionato:
Tendremos baile después.[382]

Benedicto:
Antes, os doy mi palabra; así que tocad música. Príncipe, estás adusto; consíguete una esposa, consíguete una esposa, no hay bastón más venerable que el que tiene la punta de cuerno.

(*Entra un mensajero.*)

Mensajero:
Señor, Juan vuestro hermano fue apresado en su
 [fuga,
Y a Mesina lo traen de vuelta hombres armados.[383]

---

en el comercio doble": *to make thee a double-dealer*, literalmente "hacer de ti un comerciante doble", esto es, "alguien que tiene comercio matrimonial (vida de dos, en oposición a vida sola)" y "que tiene comercio carnal doble (con su esposa y con otra)".

[381] "Cascos": *heels*, "talones", con un primer sentido de "(agilizarles los) pies" y el doble sentido de "(darles ligereza de) cascos", tema de la esgrima de ingenios entre Beatriz y Margarita en la cuarta escena del acto tercero.

[382] Probablemente aluda por doble sentido al ajetreo del lecho nupcial.

[383] En medio de la prosa festiva, el mensaje recurre a la gravedad del verso.

Benedicto:
No pienses en él hasta mañana; yo voy a idearte bravos castigos para él. Empezad, flautistas.

(*Baile*. [*Salen*.])[384]

---

[384] "Baile": única obra de Shakespeare que concluye en baile generalizado.

Este libro se terminó de imprimir en noviembre de 2017,
en los talleres de Primera Clase Impresores
California 1231 - CABA - Buenos Aires, Argentina